Johannes a Lasco
1499-1560
A Pole in Reformation England
Basil Hall

ヨハネス・ア・ラスコ 1499–1560

イングランド宗教改革のポーランド人

バージル・ホール 著
堀江洋文 訳

Soli Deo Gloria

一麦出版社

John à Lasco 1499-1560, A Pole in Reformation England

by

Basil Hall

tr. by

Hirofumi Horie

Ichibaku Shuppansha Publishing Co., Ltd.

Sapporo, Japan

Soli Deo Gloria

目次

ヨハネス・ア・ラスコ　一四九九―一五六〇

――イングランド宗教改革のポーランド人――

ヨハネス・ア・ラスコ　1499－1560

ヨハネス・ア・ラスコは同時代のその他の宗教改革者たちと比べると、英語圏の著者から殆ど注目されてこなかった。ヘルマン・ダルトンによるア・ラスコ礼賛型のドイツ語による伝記の第一部を、幾分華やかに訳した英訳版が出て百年近くになる。(1) 翻訳者が約束したア・ラスコの後半生を描いた残りの部分はその後出ずじまいで、本格研究が待たれる。ダルトンの著作の他には、ドイツ語で書かれた価値ある研究論文や記事が数本、明確にプロテスタントの視点から書かれア・ラスコの人生と業績を褒めたたえたフランス語の記述、百科事典に散在する小論説あるいは神学や宗教改革の歴史が存在する。さらに、ポーランド史におけるア・ラスコの重要性に基礎を置く二つの本格的研究が、過去数年間にポーランドで出版された。(2) 本講義では、ア・ラスコの生涯で中心となる時期と宗教改革者としての彼の主要な目的を描写する。それは、イングランド教会史にも関連することであるが、彼の経歴に対する賛同を促すためではなく彼の経歴への注目を促すためである。

R・W・ディクソンは、イングランド宗教改革を論じた著作の中では未だに最も刺激的で詳細な著書を残しているが、その中のラファエル前派を彷彿させせかつ要点を把握し、しかし個人的好みも表出させた段落の中でア・ラスコについて次のように書いている。

ヨハネス・ア・ラスコは最も著名な一家の出で、大司教でローマ教皇特使であった叔父をもち、ア・ラスコの二人の兄弟は当時最も才気あふれる貴族であった。一人はハンガリー政界の実力者であり、もう一人は勇猛なフランス国王フランソワ一世の親しい友であり廷臣であった。ア・ラスコ自身は司教でもあり、エラスムスの友人かつ支援者であった。しかしア・ラスコは自分のキャリアを捨て祖国ポーランドを離れ、結婚をして西欧のある場所に定住している。そこでは全教会の総監督の称号を改革派の伯爵から与えられるが、それはイングランドのヨシアと呼ばれたエドワード六世の治世の十年前であった。ア・ラスコが東フリースラントの宗教改革者となったことから、ア・ラスコが主導した宗教改革の勢いが、彼にとっての第二の故郷たるこの地域の古い制度のあらゆる痕跡を一掃することとなった。ア・ラスコが出版した信仰告白は、教義をきっちりと踏まえていないとしてルター派神学者たちの批判を巻き起こしたが、彼らとの激しい論争に係わる中で、ツヴィングリの模倣者と言われるア・ラスコは、自身と最も共通項が多いと思われる再洗礼派とは距離を置いていた。ア・ラスコに敵対する者の勢力が大きかったためア・ラスコの総監督職は一つの集会を監督するだけに縮小され、またクランマー（大主教）の招聘によってイングランドに移住する道が新しく開けることとなった。六か月に及ぶやり取りでア・ラスコは大主教の才能に確信をもち、その中で自分の条件を提示し折り合って後総監督職を辞することとなったが、ア・ラスコは彼の会衆を後ろ盾にして〔総監督職に〕復帰することとなる。その場所はさらなる異国のイングランドであり、その地でア・ラスコは総監督の地位に就くこととなり、その管轄権の範囲も数個の集会に拡張することとなる。ア・ラスコに従った者たちは時に〔彼のラテン語名ア・ラスコから〕アラスカンと称されたが、彼らはセント・キャサリンズやサザークの教会に溢れ、ア・ラスコの名前を知らしめた。しかし、ア・ラスコの影響はより広範囲に及び、彼は〔祭服論争において〕〔グロスター主教〕フーパーを扇動し、〔ロンドン主教〕リドリーに公然と反抗した。慣習について、ア・ラスコはルター派との間で過去に持ち上がった論争をブツァーに対してもぶり返した。ア・ラスコに定住の地を与えてくれた国教会の儀式や秩序を、咎めはしなかったもののア・ラスコは嘲笑ったことになる。イングランドにおいてア・ラスコは、オランダ語で使用した祈祷書をラテン語で出版することで礼拝規則の外国モデルを効果的に提示している。ア・ラスコの教会の会衆については、彼らは最初から厄介な存在であった。彼らの内部の混乱は、時に教会会議が注目し介在するところとなり、そしておそらく、平穏な時期においては信徒読師が間に入って対応した(3)。

平穏時のア・ラスコの生涯の概要から、ディクソンがいかに誇張し、また彼のそっけない記述がもっともなこととされているか判断することができる。

最近一人のポーランド人著者〔歴史家バルテル〕が、ア・ラスコが最も著名な一家の出であるというディクソンやその他の著者のみならずア・ラスコの同時代人によっても維持されていた見解に挑戦している。バルテルは、ア・ラスコ家を家系図から注意深く調べていくと、その起源はポーランドの高級貴族ではなかったことを論じている。バルテルによると、ア・ラスコ家〔ポーランド語でワスキ家〕はカリシュの出で、名家とは決して言えないクロウィッキィ家の一族であった。そしてア・ラスコが生まれた頃のア・ラスコの家は、ポーランド社会において未だ封建的組織の中にあった小土地所有者であった。(4)

とりわけ注意を惹くわけでもないこの一家に、ア・ラスコの叔父である〔ポーランド語で同姓同名の〕ヤン・ワスキ（一四五六～一五三一）の登場によって、偉大なる知的エネルギーの始まりをみることになる。ヤン・ワスキは聖職者になり、その後ポーランド大法官の補佐となっている。そしてポーランドを代表して外国への使節を務め、顕著な外交術を示している。一五〇一年に国王補佐官になると、一五〇三年には大法官に任命され、最後に一五一一年にポーランドの首座司教であるグニェズノ大司教に就任する。大司教の兄弟であったヤロスラフには三人の息子がおり、彼らは大司教であった叔父のように活発に知的活動に従事していた。そのうちの二人は国外において強い影響力を及ぼしている。長兄のヒエロニムはフランス、ハンガリー、トルコにおいて叔父から受け継いだ外交術を使い活躍していたし、聖職者になったア・ラスコは叔父の援助を得て急速に出世階段を駆け上がるのである。その後ア・ラスコは、まずはエラスムス主義、そしてプロテスタント信仰を選んで外国で活躍し、最後の数年間はポーランドで過ごすこととなる。ア・ラスコが海外で勝ち得た大きな尊敬は彼の叔父と、それには及ばないものの彼の兄に負うところが大きかった。ア・ラスコが最初はエラスムスの周辺で、その後宗教改革者たちの間で即座に受け入れられたのも、叔父の地位のおかげであった。チューリヒのハインリッヒ・ブリンガーがア・ラスコから受け取った最初の手紙の裏に書き留めた次のような記述を見ると、ブリンガーがア・ラスコの縁戚関係に非常に感銘を受けていたことをうかがい知ることができる。「ヨハネス・ア・ラスコ、ポーランドの最も高貴な男爵で、かつてのグニェズノ主席司祭。ロッテルダムのエラスムスと親しくポーランド国王大使、同名の親戚〔叔父〕はグニェズノ大司教」[5]。このような肩書の列挙や栄誉ある名前は、スイス、ハンガリー、フランス、フリースラントにおいて本人を前にして言及され、それらなくしてはア・ラスコの活躍ももう少し小さいものであったかもしれない。大司教の甥であることは、それ自体が経歴であったのである。しかし、ア・ラスコはしばらくの間は彼の兄ヒエロニムの影に隠れた存在であった。それもア・ラスコにとっては一つの経歴であり、その最初の段階は、彼が兄のさまざまな任務や策謀に付き従った一五二八年から一五三六年の間の政治家、外交官としてのヨハネス・ア・ラスコである。宗教改革者としてのヨハネス・ア・ラスコに対する関心が、政治・外交分野での彼の働きを無視する態度につながってはいけない。

ヨハネス・ア・ラスコは、このような人生の第一段階を歩む前に、彼の叔父によって少年期から指導を受けていた。叔父は各地への旅を通じ人文主義を学ぶことの利点を見聞しており、ドイツの人文主義者コンラッド・セルテスがヴィスワ文芸協会を設立していたクラクフにおいて聖堂参事会員を務めていた頃から人文主義に関する知識は深かった。一五一三年に叔父ヤン・ワスキ大司教は、国王ジグムント一世によってローマで開催されたラテラン会議に派遣される。そこで大司教はドイツ騎士団に対する国王の主張を代弁しているが、その場に大司教は彼の甥たちを連れて行っている。ダルトンは大司教の甥たちがエスクイリーノの丘に新設されたギリシャ学のためのカレッジで学ぶことになっていたとしているが、これは単なる可能性にすぎない。甥たちの学びについての確かな情報は、彼らの家庭教師であり彼らをボローニャ大学に連れて行くよう命じられていたヤン・ブラニチキから大司教に送られた書簡の中に見られる。その中でブラニチキは、若きア・ラスコを高度な力量の持ち主と表現し、彼のような若者を見たのは初めてであり、彼が長生きして活躍することを願っている(6)。さらにこの時期ボローニャから兄ヒエロニムが手紙を送り、ア・ラスコの忍耐力と真面目さを褒め、あらゆる人々がア・ラスコに対し敬意を抱いていると述べている(7)。ア・ラスコとヒエロニムがイタリアで最も有名な法学院で学んでいることは大司教にとっては重要なことであり、それは大司教自身がポーランドの法律の収集と出版を最初に手がけた人物だったからである。一五一七年、ア・ラスコが行き先も告げずボローニャ大学を離れたことは大司教を怒らせたが、一五一八年には、ローマに滞在していた従兄がア・ラスコの名を使って行った借金を返済しなかったとしてローマにおいてア・ラスコ自身が破門されている（おそらく大司教のような叔父をもつ甥の名前は、信用を受けるには都合がよかったのであろう(8)）。

一方大司教は、ア・ラスコを教会での仕事に就かせるべく活発に動いていた。一五一七年、大司教はア・ラスコをウェンチツァの聖堂参事会教会の参事会員、続いてグニェズノ主席司祭補佐、クラクフおよびプウォツクの聖堂参事会員に就かせている。大司教の遺言には、教会法上の年齢に達していない者のこのような昇進の承認のために、ローマ〔教皇庁〕の関係者に黄金一錠を配らなければならなかったと書かれている。一五二一年、ア・ラスコは叙階を受け、グニェズノの主席司祭補佐から同地の主席司祭に昇格している。ヒエロニムはすでに外交官としての経歴を積み始め、一五二三年末には二人の兄弟をフランスに伴っている。その途中彼らはバーゼルに滞在するが、ア・ラスコはそこで何人かの人文主義者と知り合うこととなる。一五二四年春には兄弟たちはパリに滞在し、当地の宮廷社会に自由に出入りしていた。ア・ラスコは、パリにおいてジャック・ルフェーヴル・デタープルに会った可能性がある。というのも、ア・ラスコの後の著書の中で、ルフェーヴルから個人的に直接得た知識であるかのようにルフェーヴルへの言及がなされているからである。(9) しかし一五二四年も終わりに近づくと、ア・ラスコにとっては人生の大きな転機を迎えることとなる。それは、バーゼルのエラスムス邸にア・ラスコが数か月滞在したことに始まる。ポーランド人の気前よさや気配りもあり、ア・ラスコは惜しげもなくお金を使い、気前良く贈り物をした。彼は自分の家賃のみならず、エラスムスの家の食料費のすべてをも支払っていたようである。貧困に苦しんだエラスムスにとっては、自分の家で赤の他人のア・ラスコが経費を支払ってくれることは嬉しかったに違いない。ア・ラスコがエラスムスの家を離れる際にも、彼は自身の生活スタイルの気前良さの印として、銀のフォーク、四角い銀盤、金のフラスコを残していった。しかし、バーゼルにおいてア・ラスコの気配りが最も発揮されたのは、古文書を除くエラスムスの図書をすべて買い取ったことであり、しかもエラスムス生存中は彼に図書の使用を認め、そしてもしア・ラスコが先にこの世を去ることになった場合は、彼の相続人がこれらの図書を受け取ることとなっていた（二回に分けて行われた図書の支払いの一回めは実行されたが、二回めはP・S・アレン編纂のエラスムス書簡集の中でも確認できない。しかし最近ポーランドで出版された本にア・ラスコの領収書が掲載されている）[10]。ア・ラスコにその他の書籍が眼中になかったわけではない。貴族であったア・ラスコの家の紋章でもって美しく装釘されたエラスムスの『格言集』には、その標題紙に「ヨハニス・ア・ラスコ、友人たちの輪の中で」と記載されていた。

エラスムスはア・ラスコのような名高く気前の良いゲストとの交際を楽しみ、彼についてはは最高の賞賛の言葉でたびたび言及している。「ア・ラスコは博識な人物であるにもかかわらず、初雪のように汚れない人生を送り、優しく愛想が良く、彼とともにいると皆が生き返ったようである。それゆえ彼がバーゼルを離れることに喪失の思いを皆が抱いている。素晴らしい性格をもつ本当の真珠である。いつか母国ポーランドで高位に就くであろうに、彼は気取らず高慢さの欠片もない」[11]。エラスムスは、ポーランドにおけるア・ラスコの将来に多くを期待していたようで、彼の著書の中にあるクラクフの貴族への献呈の辞でア・ラスコに言及し、彼の高潔さは「女神アストライアが地上を去る時に地上での最後の痕跡をポーランドの地に残した」と喩えて表現している[12]。大司教に対してもエラスムスは「私は歳を取ったが、この敬虔のために生まれてきた若者と一緒にいると元気をもらえたことを告白したい」とア・ラスコについて書き送っている[13]。その後ア・ラスコも、バーゼル訪問のずっと以前からの知り合いであったコンラッド・ペリカンに一五四四年に書簡を送っている。ペリカンはバーゼルで人文主義聖書学者として、とりわけヘブライ語の学者として地歩を固めていた。ア・ラスコはバーゼルでペリカンとの交流をもてた喜びを語っているが、さらにエコランパディウスやエラスムスの名前もこのような素晴らしい交わりをもった相手として挙げている。ア・ラスコはペリカンの指導でヘブライ語の学びを始めたが、その後仕事の重圧からこの学びを続けることができなかったと何年か後に語っている。[14] ア・ラスコがバーゼルで過ごした期間は、おそらく彼の人生で最も幸せな時間であった。彼はまだ若く、金銭に困ることもなく、しかも当時人文主義聖書学研究の中心の一つと言われていたバーゼルでの学びの素晴らしさに大きく心を開いていた。知的展開の新しい道を探る中で最も感化を受けやすい時期に、強力で刺激となる友情をア・ラスコはバーゼルで結んだのである。この町で彼は、エラスムスの出版を請け負っていたフローベンや人文主義者の法律家ボニフェイス・アマーバッハとも知り合っている。そして、バーゼルの宗教改革者エコランパディウスに対して、ア・ラスコは特別な恩義があった。それは、ア・ラスコの著書の中にエコランパディウスの聖書註解の痕跡が残っていることからも明らかである。さらにバーゼルにおいてア・ラスコは、フローベンの有能な協力者であり、後にエラスムスの著書の編纂者となるベアトゥス・レナヌスの親友となった。後にレナヌスは小さな著書をア・ラスコに献呈しているが、その中でレナヌスは、ア・ラスコが富裕なパトロンからの援助を求めようとしなかったことに言及し、バーゼルでのア・ラスコとの交流と彼に対し深い愛情をもっていたことを感謝の念をもって回想している。[15] バーゼルでエラスムスの仲間たちと親密な関係にあり後にリウィウスを編纂することになるグラレアヌスともア・ラスコは親交を結び、バーゼル滞在後数年間、ア・ラスコはグラレアヌスから古代音楽や数学の研究、さらにはリウィウスの解釈についての解説を受けていた。グラレアヌスは、一五三〇年刊行の古代地理に関する著作の中でア・ラスコへの献呈の辞を書いている。その中でグラレアヌスは、ア・ラスコを「彼の家族のみならずポーランド王国にとっても大いに尊敬に値する」人物であると描写している。グラレアヌスはア・ラスコへの献呈の辞を書いた三つの理由を付け加えている。一つは、偉大なるエラスムスによる助言があったこと、次にア・ラスコがそれに相応しいこと、三つめにア・ラスコの模範に感化を受けた若者たちが、彼のように若くて高貴な人物が熱心に人文主義を追及し熟達していったことをみて、自分たちも人文主義の学びを容易に受け入れるようになるであろうことを挙げている(16)。

これだけ短い期間に、ア・ラスコほど多くの影響力をもった名高い友人を獲得した人物は殆どいない。彼が人文主義者の富裕な後援者であったことが、そのことに何らかの力となったかもしれない。しかし、ア・ラスコがポーランドの最も高貴な男爵であり、叔父がポーランドの大司教かつ大法官であったことはより大きな影響力があった。しかし、バーゼルのエラスムスの仲間たちが、将来力を発揮するであろうア・ラスコに単におもねっていたのではないことを見逃してはならない。ア・ラスコは、人文主義の学者としての大きな潜在力を明確に示していたのである。そのような人文主義者としての潜在力は、エラスムスが許容するよりも急進的な改革の原則へとア・ラスコが舵を切ったことで、結局実を結ぶことはなかった。ア・ラスコにおけるそのような変化の種はすでに蒔かれていたのである。というのは、ア・ラスコがバーゼルに定住する前のフランスへの旅の途上で、あるいはバーゼルを離れイタリアに向かう途中のどちらかで、彼は短い時間ながらツヴィングリに会い、まず「福音書を読む」ことを薦められていたからである。[17] さらに、聖餐論に関してツヴィングリの立場を受け入れかつ彼の立場を支持していると考えられる教父たちの論評を刊行したエコランパディウスに、ア・ラスコは明らかに感銘を受けていたからである。エラスムス自身カトリック教会の正統派から逸脱した聖餐論を展開し、出版まではいたらなかったが、キリストの体が聖体において実際に存在するとするキリストの現臨説から離れようとしていた。後にア・ラスコは、若き日に培った人文主義の学びにエネルギーを注ぐのではなく、特に聖餐論に関してツヴィングリの急進プロテスタンティズムに賛同してカトリックやルター派と戦っている。これは推測にすぎないが、ア・ラスコがルターに対し批判的見解を抱くようになったのは、彼がバーゼルで交流のあった「エラスムス」グループの影響があったと考えられる。すなわち、エラスムスからみればルターはあまりに理論一辺倒であり、革命的であり、さらにエラスムスがキリストへの服従に次いで大切なものと考えていた「文芸の共和国」に関する諸事に対してルターが殆ど関心を示していないといった点で、エラスムスはルターに対して懐疑の念を抱いていたからである。さらにエコランパディウスに率いられた改革グループは、ルターの聖餐論である共在説とそれに伴う保守的な聖餐式から明確に距離を置いている。しかし、ア・ラスコが心からエコランパディウスの聖餐論に傾倒し、ツヴィングリ主義の側に積極的に立ったかというと、そのような証拠はみられない。他人の詮索から自分の考えを隠そうとするエラスムス流の用心深さを、ア・ラスコはしっかりと学んでいたのかもしれない。ア・ラスコはカトリック教徒として留まったが、今やエラスムス流教会改革の教養を吹き込まれたカトリック教徒であった。

この若いエラスムス主義者のグニェズノ主席司祭が改革的カトリックからプロテスタンティズムへ改宗する過程は、まだこの段階では一つの可能性にすぎなかったが、結局は十年以上も遅れることとなった。と言うのも、エラスムスよりもより身近で注目すべき存在であった兄ヒエロニムにア・ラスコは付き従うこととなるからである。ア・ラスコが一五二五年にバーゼルを発つと、叔父の大司教は彼にしばらくパドヴァとヴェニスで勉学に励み、その後外国での学びで力をつけポーランドでの任務に戻るように促した。バーゼルからイタリアへの旅には、ゲント出身の若者でエラスムスの書記であったチャールズ・ウーテンホーフが同行した。チャールズの異母兄弟であったジョンは熱心なツヴィングリ主義者となり、後にア・ラスコの生涯で一度ならず苦楽を共にすることとなる。ア・ラスコのイタリア滞在はきわめて短期間であった。あのヴェニスでさえ、バーゼルの友人の所に戻りたいとの彼の思いを覆すことはできなかった。ア・ラスコは最初スペインに行くことを模索した。マドリードではフランス国王フランソワ一世が囚われの身になっており、ア・ラスコの弟スタニスラスがすでに囚われの国王の身の周りに出来上がった宮廷に仕えており、ア・ラスコもこの宮廷との昔の親密な関係が復活できるのではと考えたからである。しかし、叔父の強い意見もあり、ア・ラスコは一五二六年にポーランドに帰国する。まずポズナンに立ち寄り、その後クラクフに向かうが、そこでバーゼルに書簡を送り、「ここでは争いばかり、壮絶な争いばかりの他には何もありません」と記している。[18] ア・ラスコはどのようなトラブルがあったのかは明らかにしていないが、〔書簡の〕言い回しや発信地からア・ラスコの性格や生涯を理解する上で中心的な問題に対し答えを得ることができるとみる著者もいる。トラブルを完全に解決することは不可能であったろうが、入手できる証拠からは二つの相反する見解が導き出される。日付がなく名前もないが、グニェズノ大司教とクラクフ司教の前でア・ラスコによって署名された無罪の宣誓がケーニヒスベルクの人目につかないような隠れた文書館に保管されている。[19] 誓約下でなされたこの声明は、本質的には公同の使徒的なローマ教会の教義や実践への服従を告白したものである。この〔宣誓の〕文書に刻まれた内容によると、ア・ラスコがこのような誓約を行ったのは、自身がドイツ滞在中に結婚しかつプロテスタントの教えを遵守したとの噂を沈黙させるためであった。カイパーやそれに続くダルトンといった著者も、この文書は一五二六年のものと考えている。このことは、ア・ラスコが彼の外国旅行（バーゼルは神聖ローマ帝国内にあり、それゆえ「ドイツ」の一部であった）に関する根も葉もない噂をものともせず、未だこの時点では捨てていなかったカトリック信仰に帰依していることを強く主張したことを示唆している。ア・ラスコの称賛者は、彼のような誠実な人間が実際に結婚しプロテスタント信仰をもっていたとすればこのような誓約文書に署名するはずがないとして、一五二六年を宣誓の年とすることを支持する。しかし、文書への署名の時期をこのように早い時期に設定することは、本質的にありえない側面もある。エラスムスの証言だけで簡単に斥けることができる根も葉もない噂に基づいて、権威あるグニェズノ大司教が自分の甥に誓約を迫るということはありうるだろうか？ 文書に「ドイツから」という言葉があるが、イタリアから戻ったばかりのア・ラスコには容易に当てはまらない。しかし、一五四二年説を強く支持する決定的文書記録が存在する。実はこの年にア・ラスコはドイツからクラクフに帰って来るのであるが、彼は結婚をしておりまたプロテスタント信者であった。ア・ラスコの生涯の概要にふれる中で一五四二年を描写する段階でより詳細な検討を行うが、一五四二年にア・ラスコがそのような文書に署名したことを理解するためには、一五二八年から一五三六年の約十年間にア・ラスコがどのような活動をしたのかとの疑問に関し、ある程度の知識が必要である。この約十年の期間にア・ラスコは、あまり成功したとは言いがたいが、彼の兄ヒエロニムの外交活動に補佐として関与した。しかし、その関与時の条件は我々には不明瞭のままである。

ア・ラスコの兄ヒエロニムのハンガリーにおける政治活動をア・ラスコが支援した時期については、僅かな情報しか残されていない。叔父の大司教によって国際政治舞台でのキャリアに向けての教えを受けてきたヒエロニムは、神聖ローマ皇帝カール五世の弟オーストリアのフェルディナントに対抗してトランシルヴァニアの貴族サポヤイ・ヤーノシュがハンガリー王位に就くことを支援した。この争いは、ハンガリー王国を絶望的なまでに分裂させ悲嘆に暮れさせることとなった。誰のためにヒエロニムがこのような活動をしたか理解することは難しい。おそらく彼は、フランソワ一世によって作られた複雑な反ハプスブルク家の活動網の一端を担ったと思われる。と言うのも、ヒエロニムが、オーストリア支持政策を踏襲するポーランド王ジグムント一世のために働いていたのでないことは確かだからである。ア・ラスコはヒエロニムのハンガリーでの冒険的活動に付き従い、その協力の報酬としてヴェスプレーム司教区を与えられている。このような昇格には、おそらく大司教の叔父の支援があったものと思われる。ア・ラスコのハンガリーにおける冒険については、エラスムスも「彼の運命については残念に思う」との言葉を残している。[20] 当時ハンガリーの政治・社会的状況は悲惨な状態であったゆえの言葉である。サポヤイが翻ってヒエロニムと敵対し彼を監禁した時には、ア・ラスコはヒエロニムの釈放のために奔走している。そしてア・ラスコは一五三五年には司教区を辞してポーランドに戻り、一五三六年にバーゼルを訪問した後、一五三八年にはワルシャワ司教区の助祭長に任命される。そして、ポーランドにおいてア・ラスコに司教職を与える話が出る。しかし、ハンガリーからの帰国後の彼は、継続的で真剣な勉学に励むこととなる。ア・ラスコの同時代人は彼のことを、「博識と誠実さがア・ラスコの中で混じり合っている。……彼は事務的な仕事をしっかり熟しているが、静けさと勉学の時間を大いに愛しているようだ」と書いている。[21] おそらくハンガリーでの経験や最近のポーランドでの管理事務的仕事に幻滅させられたが、このように過去を振り返る時間が与えられたことで、ア・ラスコのプロテスタント信仰に対する考え方はより積極的なものとなった。

ア・ラスコに関してあまりに知識が少ない事柄はいくつかあるが、その中には、彼がいつ、なぜ、そしてどのようにツヴィングリ流のプロテスタンティズムに転じたかについての情報不足が挙げられる。ア・ラスコは一五三八年以前にプロテスタント信仰に入ろうとしたが、兄ヒエロニムのハンガリーでの複雑な工作の障害にならないように改宗の決断を遅らせたのであろうか？　ア・ラスコの霊的行脚は、エラスムスの人文主義的聖書研究に端を発し、エコランパディウスのプロテスタンティズムを経て、やっと一五四二年により急進的なツヴィングリ神学の受容によって最高点に達した漸次的変化であったのであろうか？　それとも、改革の有無にかかわらずカトリック信仰をこれ以上受け入れることはできないと悟ったア・ラスコの一五三八年における突然の決断によるものであろうか？　彼は突然ポーランドを離れ、ツヴィングリ流の宗教改革を認めていたフランクフルト・アム・マインを、ちょうど毎年開かれるブックフェアの頃に訪れている。ア・ラスコのこの動きは、亡くなった叔父の敵が彼や彼の家族に対し圧力を強めたために必要であったのか、それともア・ラスコがポーランド国王の寵愛を失ったゆえなのか、また彼がプロテスタント信仰へ向かったゆえなのかはわからない。フランクフルトにおいてア・ラスコは、同じ宿舎に泊まったネーデルラント出身のアルベルト・ハルデンベルクの親友となった。ハルデンベルクは共同生活兄弟団で育てられ、その後聖職者となっていた。彼は厳格な正統主義から離脱しつつあり、エラスムスの考えを受け入れていたかもしれない。ネーデルラントがア・ラスコに及ぼした影響には興味をそそられる。すなわち、エラスムス、ウーテンホーフ、ア・ラスコの兄ヒエロニムのブリュッセルへの派遣、そして今度はハルデンベルクである。ア・ラスコは、ハルデンベルクがマインツ大学の神学博士に昇格した時も同席していた。おそらくア・ラスコは、一五四〇年に滞在していたと思われるルーヴァンからマインツを訪れたと考えられる。ルーヴァンはエラスムスが人文主義聖書学のカレッジを創設したことで知られる。ルーヴァンでア・ラスコは未亡人アントワネット・フォン・ロスマーの家に下宿していた。未亡人宅では、計画的にカトリック教会から分裂することを意図していたわけではないが、自国語で聖書を学ぶ小さなグループがあった。しかし、このような集会はプロテスタントの集会を意味しており、このような秘密集会の参加者は後に裁かれて異端と宣告された。

重要な点は、かつて〔カトリックの〕聖職者であり高い地位を得ていたプロテスタント指導者たちが、プロテスタンティズムへの忠誠の公の宣言として結婚を行ったことであり、ルーヴァンにおけるこのような〔聖書を学ぶ〕グループの中からア・ラスコも伴侶を見つけたことである。このような結婚は、ア・ラスコが最近まで執務に就いてきたような地位ある教会の仕事をもった聖職者にとっては、実に大胆なステップであった。ア・ラスコがハルデンベルクに後で同じようにするように呼びかけたように、ア・ラスコは「ファリサイ人の間から抜け出す」時がきたとはっきりと感じたのである。[22] ア・ラスコが完全にプロテスタント信仰に入ったのは、彼がポーランドを出る一五三八年以前であったのか、それとも旅の中で再度心をはっきりとさせ決断しようとしてポーランドを離れた時に、ア・ラスコはカトリック改革とプロテスタンティズムの間でまだ躊躇して迷っていたかについては答えが出ていない。〔プロテスタント信仰への〕ア・ラスコの改宗が一五三八年以前であったのか、一五三八年であったのか、それとも一五四〇年であったかについて、我々は決めることができないでいる。一五三八年に国王からポーランドを離れる許可を受け取った時、ア・ラスコは国王ジグムントに対し自身がプロテスタント信仰に計画的に飛び込んでいくとの印象は与えなかった。これがそつのない言い抜けであったのか、実際に計画的改宗でなかったのかどうかはわからない。一五四四年、ア・ラスコはハルデンベルクに対し、真理を見つけるために彼がポーランドで何を失ったかを控えめに書いている(23)。

まもなくすると、ルーヴァンで隠れながらプロテスタント信者として居住することは難しくなっていた。そこで一五四〇年、ア・ラスコは若き妻とともにフリースラントのエムデンの町に向けて出発した。伯爵家の統治下でフリースラントはプロテスタント信仰を擁護していたが、ルター派一辺倒ではなく、エムデンの住人の多くは再洗礼派も歓迎していた。伯爵の寛容策は社会の混乱を起こさない限りにおいて、(カトリック教徒も含め)すべての信仰に適用されるもので、再洗礼派もこの地に拠点を置くこととなった。ア・ラスコはメランヒトンや改革派神学者のプロテスタント神学を熱心に学び続けたが、この地の気候と食べ物が合わず病気がちであった。一五四二年、彼はハルデンベルクに対し、ファリサイ派と決別し修道院を出るように強く迫ったが、後者はその決断をさらに数か月遅らせている。同じ頃ア・ラスコは、修道院という神秘なる世界の不信心によってキリストの美徳と栄光の名誉が汚されているとして、そのような名誉を守るためにベギン会女子修道会からガートルード・シッシングを脱会させる。(24) 数年後彼女はハルデンベルクとの結婚を果たしている。しかし、この小さな成功は同じ年にア・ラスコが行った闇に覆われたポーランド訪問によって相殺されることとなる。

ハンガリーとトルコにおいて外交活動を続行したヒエロニム・ア・ラスコは、寝返って今やハプスブルク家を支持するようになったが、トルコにおいて投獄され、釈放後は病を抱え瀕死の状態でクラクフに帰ってきた。クラクフでヒエロニムは弟ア・ラスコに、外国においてプロテスタント信仰に傾倒していても、もしカトリックの正統信仰を妥協しないという条件でポーランドに呼び戻されたら、そのようにするように彼を説得した。ハルデンベルクへの手紙の中のくだけた文章で、ア・ラスコは（何についての議論であったかは明らかにしていないが）ポーランドの司教たちとの議論に軽蔑的な口調で言及している。グニェズノ大司教とクラクフ司教の前で上記の誓約にア・ラスコが署名したのは、ちょうどこの時、すなわち一五四二年二月であったに違いない。[25] もしハルデンベルクに投げられた言葉が拡張されていれば、この奇妙なエピソードの後に潜む事柄について知ることができたかもしれない。確かにこの時期ア・ラスコはドイツを出て、ライプチヒとブレスラウ〔ヴロツワフ〕経由でポーランドに旅しているが、すでに結婚をしてプロテスタント信仰をもっていた。ア・ラスコが聖職者を辞しプロテスタント信仰を受け入れたとの判断から俸給を彼から取り上げる提案がなされたが、殆ど貧困状態にあったア・ラスコが俸給をもらい続けるために律修司祭職を交渉し（これはポズナニの聖堂参事会記録で明らかである）[26]、この職を獲得する目的で彼が誓約に署名した可能性も否定できない。それともア・ラスコは命の危険を感じて誓約を行ったのであろうか？　アウクスブルク信仰告白がカトリック信仰を否定していないことがア・ラスコの頭にあったゆえに、ア・ラスコも同じような形の主張をしたということでなければ、あのような誓約に後ろめたさを感じず署名できたであろうか？　しかし、誓約書の中には明確に「ローマ教会」への忠節が要求されている。ここに不可解な謎が存在する。おそらく、兄の外交を支援してきたア・ラスコの経歴が、妥協を合理的な選択と考えるように導いたのかもしれない。ア・ラスコは一五四二年の春にエムデンに戻っているが、そこでは夫に先立たれたオルデンブルク伯アンナが、幼少の息子たちに代わり摂政として施政に携わっており、彼女はすすんでプロテスタント信仰を支持していた。一五四三年初頭、当地の言葉が完全に理解できていないとの正当な理由でエムデンでの牧師の仕事を辞退したア・ラスコであったが、オルデンブルク伯の領地のすべての教会を監視するという総監督の仕事を引き受ける。ア・ラスコが教会政治を担うに特に相応しい人物であったことは、本人のみならず衆目の一致するところであった。結局彼は、エコランパディウスやツヴィングリが発展させた流れに類似した教会組織や教会訓練を推進する上で特に能力を発揮した。ポーランドやハンガリーにおけるア・ラスコの主要な活動も運営管理に関するもので、彼はそのような能力をプロテスタント教会の発展のために使ったのである。エンノ伯〔東フリースラント伯エンノ二世〕も彼の未亡人アンナもプロテスタンティズムのみを受け入れたわけではないし、プロテスタント信仰の中で一つの形だけを排他的に採り入れたわけでもない。このことは、ア・ラスコに組織上、手続き上の多くの問題を作り出すこととなった。

フランシスコ修道会、再洗礼派、そして正統ルター派の説教者たちは、それぞれ自分たちの立場を主張して一歩も引かなかった。ア・ラスコが総監督職を引き受けたとき、エムデンの教会に共通した礼拝形式は、説教がありその後で両種陪餐によるミサが行われており、さらに伝統的儀式や祭服、聖像は維持されていた。まもなくア・ラスコはこれらに異議を唱えるようになる。ディクソンはこれを「第二の祖国に残る古い制度の痕跡を一掃したア・ラスコの改革の猛威」と表現している。ア・ラスコはフランシスコ修道会の説教や洗礼を禁止し、偶像の除去を命じる。アンナの義理の弟ヨハンを後ろ盾とするフランシスコ修道会は、ア・ラスコの解任を求めていたが、このヨハンは自分こそ摂政に就くべきであったと考えており、アンナの物事の進め方に対する彼のカトリック教徒としての反対運動に対しては、皇帝カール五世の支持を得ていた。しかし、ア・ラスコは徐々にこのような抵抗の動きを克服し、人間が作った伝統や法令ではなく神の言葉がすべての礼拝と教会政治の基礎となるべきであるとして、教会からの聖像の除去を命じるようにアンナに進言する。アンナは聖像の除去に同意するが、混乱を起こさないために除去は穏やかに夜間のうちに行われることを要求している(27)。しかし、フランシスコ修道会が隠退共同生活の場をそのまま維持することができたことは、寛容の精神がまだ息づいていたためである。

しばしば他の地域でもそうであるようにエムデンでも、宗教改革はローマ教皇とその法を拒否し、説教を確立させること以外に道はないと考えられてきた。エムデンの教会に導入された教会訓練はなかったし、特徴的な神学上の焦点を印すような明確な教育形態もみられなかった。そのため各宗派が自由に入り込み、さらに再洗礼派もドアをすり抜けてきたのである。各宗派の間にどのような違いがあったにせよ、どの宗派も自分たちは厳格な信徒訓練を実施していると主張していた。しかしア・ラスコは、効果的信徒訓練法をもった組織を基礎に一貫した神学体系が提供されないと、再洗礼派がエムデンの教会を蝕んでいくことに気づいていた。一五四四年、ア・ラスコは教区民の生活を監視するために、エムデンの主だった教区の牧師を支える目的で四人の信徒を置き、彼らに神の恵みを受けるに相応しくない者を連帯して破門する権限を与えた[28]。ア・ラスコ以前に活躍したエコランパディウス、ツヴィングリ、カルヴァンのように、彼も教会訓練の実践のためには信徒の補助者の存在が重要であることを理解していた。他の宗教改革者のように、ア・ラスコは神の教会の存在のためにはこのような訓練が重要であることを信じていたのである[29]。ア・ラスコと彼の牧師たちによる一般巡察は地域全体で行われ、その目的は、ア・ラスコが秩序を守るために作成した規則に従う地域において、秩序ある道徳的な牧会を確立することであった。このような秩序を実現させるための主たる手段としてア・ラスコが設置したのが、地域のすべての聖職者によって構成されるコエトゥス（一種の牧師会の呼び名〕とよばれる教会会議であった。この教会会議はエムデンにおいて復活祭から聖ミカエル祭の間の毎月曜日に開催され、議長と書記が会議を補佐していた。ジュネーヴにおける牧師の会のように、教会会議は個々の牧師の生活や教えを監視した。またこの会議は、牧師候補者を審査し受け入れる役割も果たしたし、教義の主要項目を定期的に議論する場でもあった。

ア・ラスコは、このような教会会議が他に類をみない独創的なものであると主張することはできなかった。と言うのも、同じような会議がチューリヒやジュネーヴ等他の場所でも設けられていたからである。ア・ラスコのエムデンでの実践が、他の改革派諸教会の事例と実際に違っていた点は、ア・ラスコが一種の改革派の司教であり、エムデンおよびその地域のすべての教会の総監督であったことである。ア・ラスコの生涯をとおして、フリースラントでも、イングランドにおいても、理にかなった居住地を見つけたところではどこにおいても、彼がこの総監督という機能とこの役職の意味をしっかりと掌握していたことはいかにも彼らしい。ア・ラスコがハンガリーで司教の座に就き、またポーランドでも司教職を得る可能性があったことを彼自身忘れなかったし、また彼を任命した者たちも忘れなかった。すなわち、ア・ラスコは彼の叔父であった大司教やキングメーカーであった彼の兄の不屈の精神を決して失わなかったゆえに、正に統治・監督するために生まれてきたと言えよう。それに加えて、彼には教義と教会政治に関し正しい判断を下そうとする固い信念のようなものがあった。状況を変える必要がある場合も、相手に対して譲歩しようとはしなかった。そのため、時として他の宗教改革の指導者や力をもった政治家を激高させることもあった。

このことは、ア・ラスコが偏狭な性格の持ち主であったということではない。それは、エムデンにおいて彼が再洗礼派に対して取った態度でもわかる。他の多くの宗教改革者たちが再洗礼派に取った否定的態度を思えば、これは驚くべきことである。ルターやカルヴァン、ツヴィングリと違い、ア・ラスコは再洗礼派の教えの中の良い点を見ようとしていた。マルティン・ブツァーやフランシス・ランバートのように、ア・ラスコも聖書の中心性や教会訓練の必要性等改革派の教義、礼拝、規範を受け入れるためのある程度の共通項が両者にはあるゆえに、再洗礼派と議論して彼らを説き伏せることは可能であると感じていた。しかしア・ラスコは、明らかに偏狭な再洗礼派グループについては断固とした態度で論駁している。たとえば、ミュンスターの反乱の指導者であったメルキオール・ホフマンに従ったメルキオール派と親交のあったダフィット・ヨリスや、フリースラントの出身でア・ラスコの考えではキリストの受肉の原則を完全に破壊する非聖書的理解をもつ（メルキオール派のキリスト論と関係深い）メノー・シモンズに対してである。メノーはア・ラスコと同じ頃エムデンに滞在しており、特に受肉、洗礼の本質、牧師職への召命の方法のような問題について教会指導者たちの前で互いの見解を議論しあったが、意見の一致はみられなかった。ア・ラスコは、メノーのメルキオール派的キリスト論に対して、わざわざ詳細に反論を書いている（メルキオール派のキリスト論では、処女マリアから人間としての肉体をキリストが受けたのではなく、天上のからだをもってこの世に来られたと考えられていたが、このような教えはそれ自体非聖書的であり、さらにキリスト教の受肉の教義に反しているとア・ラスコは主張した(30)）。ア・ラスコが書いたこの小冊子は、議論は明快で完全であるが叙述は冗長である。カルヴァン、ルター、そしてツヴィングリもメノーを「博士」とは呼ばなかったであろうし、ア・ラスコのように完全かつ入念にメノーの意見を取り扱わなかったであろう。それにもかかわらず、メランヒトンはこの書を気にいっており、他の人々にもこの書について語っている。しかしア・ラスコは、エムデンにおいて再洗礼派に対する迫害を開始したり、あるいは支持することには消極的であった。ア・ラスコは再洗礼派信徒の大部分が、いつか改革派に加わるとの希望のもとで寛容を施されるべき素朴で教養のない、そして害のない人々であると見なしていた。カール五世がオルデンブルク伯アンナに再洗礼派の追放を求めた時に、ア・ラスコは再洗礼派に属する個人のために進んで保護証を書いている。この保護証は、「再洗礼派ではあるが、立派で敬虔な人物」なる定式であったが、基本的に再洗礼派が望ましからざるセクトであることには合意しつつも、彼らが追放を免れるよう取り計らったのである。(31)

メノーに対する小冊子の他に、ア・ラスコはプロテスタント信仰に傾いた人々に対し、カトリックの礼拝参加を慎み困難や迫害にもかかわらず自分の信念を守ることが必要であるとの内容の論考を書いている。(32) 宗教改革者が聖書の真理と考えることについて多くの人々は納得していても、過去のカトリックの礼拝や儀式を離れることができない状況は、宗教改革が導入されたどの地域においてもしばしば見られた事実である。カルヴァンも、「ヨハネによる福音書」のニコデモに類似するとして、そのような人々をニコデモ主義者と呼んで、このテーマに関する説得力ある論考を書いている。ア・ラスコがハルデンベルクと彼の未来の妻でベギン会に属するガートルードに、二つの道の間でよろめきどっちつかずの状態から脱却するように説得したことはすでに述べた。ア・ラスコが引用したカルヴァンの情熱や力強さ、ルターがこの問題に投じたであろう精力には及ばないが、ア・ラスコの論考は明快で、労を惜しまず、そして情報満載である。[33] しかし、エムデンにおけるア・ラスコの最も重要な論考は、東フリースラント教会の教義に関する記述である。[34] 出版されることはなく手稿のままで改革派教会施設に配布されたが、この論考は、ア・ラスコが初めて教義に関する見解を完全な形で明らかにしたものであった。そこには他の宗教改革者の声が反映されている。たとえば、カルヴァンの『キリスト教綱要』の冒頭部分は、キリスト教の教義は神を知ることと我々自身を知ることの二つの論点の周りを回っているとするア・ラスコの主張に反映されている。そして、カルヴァンのようにア・ラスコも、キリストによる我々への神の啓示を描写するために鏡のイメージを使用している。彼は改革派神学の主要テーマを明瞭に強調しているが、彼がかつてエラスムス主義者であったことから予想される色彩に富んだ活力ある言い回しは避けている。冒頭部分では、正義と真理、そして慈悲の主なる神について知る必要があることが論じられている。さらにそこでは、改革派が強調する神の栄光とその結果としての人間の服従が示されている。人間は原罪の結果自分自身を救う術をもたず、神が要求することを知りうる方法は聖書以外にはないのである。奇妙なことにア・ラスコは、罪を原罪、自由意志によって犯される罪、小罪、大罪といった見出しをつけて古いカトリックの用語で説明している。神の約束はしばしばギリシャ語の用語を使って分析され、そして信仰は知的承認ではなく心の愛として定義されている。すなわち、信仰とは我々が義とされていると信じる心であって、知性ではないのである。予定説、律法、義といった項目がないのは面白い。実はこの論考は、キリスト者の具体的なニーズに関心を寄せながらも、情熱や強い確信に欠け、どちらかといえば他人行儀な感じすらある。ここには、ルターの偉大な教えである「信仰による義」もカルヴァンの「救いにいたる知識」のような信仰の概念は殆どない。この論考でア・ラスコは、契約の強調、洗礼が割礼に聖餐が過越しの食事に対応する「象徴としるしとしての礼典」に示される、ツヴィングリ流の礼典神学と一般に称される考えを擁護している。彼は長々と、不釣り合いなほどの長さで洗礼を扱っているが、その中にはすでにメノーと議論になった幼児洗礼に関する箇所もあった。そこでは特に契約のしるしとしての洗礼という側面が強調され、新生については殆ど注意をはらっていない。ア・ラスコが聖餐に対してはあまり頁を割いていないことは奇異な感じを受けるが、彼はキリストの肉と血をパンとぶどう酒の要素と統合させることを批判し、実体変化を単なる偶像崇拝と断じる。我々は、「これを私の記念として行いなさい」とのキリストの言葉から始めるべきであるとして、ア・ラスコは、パンとぶどう酒について象徴という言葉や、聖餐は「キリストの約束のしるしである」というようにしるしという言葉をしばしば使っている。しかしそれにもかかわらず、ア・ラスコはパンとぶどう酒を単なる空虚な象徴であるとする礼典象徴説主義者（他の地域にも影響を及ぼしたネーデルラントのグループ）が誤りであると認める。文書への押印というしるしは、描かれたサインではないということである。礼典象徴説主義者には、聖餐の中にルターやカルヴァンが見出した秘儀や畏敬の念が欠如している。礼典を罪の赦しと関連付けたルターや、礼典を永遠の命の食物としたカルヴァンのような考え方はそこには存在しない。「概略」〔「東フリースラント教会教義概略」〕にカイパーによって補遺として付け加えられた手紙の中で、ア・ラスコはエラスムスが註釈を付けたクリュソストモスのマタイ伝説教集の八三番を特に利用して、キリストの体が聖体において実際に存在するとする教義に反対しようとした（しかし、そうする中でア・ラスコは、クリュソストモスやその他の教父たちがア・ラスコと相容れない考えを示している他の部分は無視していたことになる）[35]。ア・ラスコは、彼の聖餐論がカールシュタットやツヴィングリから得たものでないことは認めている[36]。彼の書簡から察するに、ア・ラスコはこの二人と原則において一致するものの、最後の晩餐でキリストが使った言葉の解釈に関して違いがあることは確認している。ア・ラスコは、聖書、教父、公会議のみならず、エコランパディウス、ブリンガー、ヴァディアン（ツヴィングリ主義者の仲間でザンクトガレンの宗教改革者）が彼の側に立つと信じていると結論づけている。彼がここで挙げた三名の名前は重要である。ア・ラスコの聖餐に関する理解で最も特徴的で彼自身の考えが表れているのは、「これは〜である」という言葉が単にパンに関係するだけでなく、聖餐の式全体に関係するという彼の主張である。(37)

「概略」のコピーはヴィッテンベルクのメランヒトンやチューリヒのブリンガーが受け取ったが、どちらからも内容に賛同する反応はなかった。メランヒトンには特に洗礼の箇所に不満があった。ア・ラスコは両者の疑念を受け入れ、この論考を出版することはなかった。それを本稿で詳しく紹介するのは、一般の神学的テーマについてア・ラスコがどのような考えをもっていたのか初めて明らかになるからであり、彼の後期の神学的著作に見出せる特徴的材料がそこに含まれているからである。続いて一五四六年には、「概略」が出版されなかったことや、エムデンの教会がプロテスタント信仰に関して一般向けに明確な教えを必要としていたこともあり、ア・ラスコは「エムデン教理問答」を編纂するが、縮小版が出版されたのはその十年後である。この教理問答はエムデンの牧師たちによって準備されたが、中心になって編纂の仕事に関わったのは、カイパーが見事に示したようにア・ラスコであった(38)。

短い予備的な質疑の後、教理問答は十戒そして律法の規定から学べる事柄で始まり、律法が我々をキリストに導くために必要であることを示している。このことは律法的道徳律をもたらす傾向があり、このような行いへの関心はイングランド・ピューリタニズムの神学的優先事であって、ルターやカルヴァンの神学の釈義法とは相容れない。ア・ラスコが、十戒、使徒信条あるいは信仰箇条、主の祈りに基づく祈りといった教理問答の区分を使用していることは事実であるが、ルター等はこれらの区分を違った目的、それほど律法主義を感じさせない目的に使っていた。さらに、この改革派の教理問答が選びや予定説についての問答を欠いているのは驚きである。教会の定義もルターやカルヴァンの定義を超えて、教会の目に見えるしるしに言及する中で、聖書の言葉の解き明かしと聖礼典を正しく行うことの二つのしるしのほかに、教会訓練を加えている。ルター、ジュネーヴ、ハイデルベルクのような著名な宗教改革の教理問答にある温かみ、神学的独創性や深さが感じられないし、あるいは次の世紀に出されるピューリタン的な文書であるウェストミンスター神学者会議の教理問答に溢れるエネルギーも欠いている。教理問答の問いに明瞭に答えた者のみが教会員となり、さらに聖餐にあずかることができたのであるが、そのことも若者や記憶力のない者たちにとっては重荷であったに違いない。教理問答は敬虔の助けというよりは、教会訓練の手段となっていた。

このようなア・ラスコの神学的見解をみていると、エムデンにおいて特に聖餐に関して彼に対する反発がもち上がったのも驚きではない。ルター派はエムデンにおいて容認されていたが、ルター派の牧師の中にはエムデンの教会会議コエトゥスに参加することを拒否する者もおり、ア・ラスコの聖餐論を礼典象徴説として攻撃した。さらに、コエトゥスに参加した牧師の多くは、教会訓練の実践に向けてのア・ラスコの熱意に無関心を決め込み、彼が教義に関し要求する事柄に従おうとはしなかった。ついにア・ラスコは、駆け引きの意味合いもあって一五四六年初めに総監督職を辞任し、短い期間ではあったが教区牧師となる。しかし、ア・ラスコの宗教改革は知れ渡り、カルヴァンはジュネーヴ教理問答を東フリースラントの牧師たちに献呈している。一五四五年、ア・ラスコはヴォルムス帝国会議に出席しているが、プロテスタンティズムを押しつぶそうとするカール五世の決意を見て、プロテスタント信仰の将来に大きな困難が待ち受けていることを予知していた。一五四七年のアウクスブルク帝国議会後に、神聖ローマ帝国中に適用される「アウクスブルク暫定協定」が決定される。ア・ラスコの弟であるスタニスラスはポーランドを代表してアウクスブルクに赴いていたが、これから起こりうることに関しア・ラスコに書簡を送っている。一五四八年八月、「アウクスブルク暫定協定」の施行がエムデンに及び、ア・ラスコはこの地を離れなければならないことを知る。

この暫定協定を受け入れることができなくて辛苦をなめたプロテスタント信徒にとっては、この暫定協定は不幸な出来事であったが、イングランドにおける宗教改革運動の支援のために著名な外国人宗教改革者を獲得できることから、クランマー大主教には暫定協定の施行は意義ある措置であった。クランマーはペトルス・マーター・ヴェルミーリ、マルティン・ブツァーらをイングランドに連れて来ることができたが、彼はア・ラスコのことも考えていた。一五四八年七月、「アウクスブルク暫定協定」の施行時にクランマーはア・ラスコに書簡を送り、「我々はイングランドの教会に神の真の教えを提示しようとしています」と述べ、さらにイングランドは外国から多数の学者を招こうとしており、「彼らは喜んで我々の招待に応じており、あなたとメランヒトンを除いては不在が惜しまれる学者は殆どおりませんので、あなたに来ていただくことを心より要請し、またもしできれば、メランヒトンを一緒に連れて来てください」と付け加えた[39]。ブツァーやヴェルミーリ、あるいはイングランドにやって来たそのほかの学者と違い、これまで注目すべきものは何も出版したことがなく、また神学者としての名声においてもメランヒトンとは比べようもないア・ラスコを、クランマーはなぜこれほど熱心に招聘しようとしたのであろうか？　おそらく、「ポーランド貴族」として、また著名な叔父の甥として、そしてエラスムスの友人であるというア・ラスコの名声によるところが背景にあろう。一方、医者であり後にウェルズ大聖堂の主席司祭となるウィリアム・ターナーがクランマーにア・ラスコの招聘を嘆願したとも考えられる。ターナーは数年前にエムデンに居住していたこともある。ア・ラスコの〔イングランドへの〕旅は危険に満ちたものであった。神聖ローマ帝国の官憲がア・ラスコを捜索していたため、ア・ラスコはネーデルラントを変装して通過すると、カレーを経由して一五四八年九月にイングランドに到着し、ランベスの大主教公邸に滞在した。スイス人アブ・ウルミスやトラヘロンの興奮に満ちた証言を基礎にして、クランマーを初期のルター派の影響下からチューリヒ神学との明確な連携へと突き動かしたのはア・ラスコであったとの説がしばしば受け入れられている[40]。しかし、アブ・ウルミスもトラヘロンもブリンガーの確固とした支持者であったが、彼らの主義主張に関する証拠はそのほかには残っていない。一方で、リドリー司教がクランマーに影響を及ぼしたとの証言もある。ア・ラスコは、護国卿エドワード・シーモアの秘書官に新しく任命されたウィリアム・セシルや、エドワード六世の家庭教師を務めたジョン・チーク卿らの有力な人物と親交を結んでいた。

そして一五四九年三月、オルデンブルク伯アンナからエムデンを離れる許可を得ていたア・ラスコであったが、その期限が切れ一旦エムデンに帰ることとなった。その船上でア・ラスコはマンスフェルト伯からカール五世に対する同盟の結成と暫定協定の施行を伝えられたが、この同盟にはブランデンブルク、プロイセン、イングランド、ポーランドなどの国々が名前を連ねていた。そのためア・ラスコは、この問題に対応した外交活動として北ドイツやダンツィヒに足を運ぶこととなった。彼がプロイセンに移り住む可能性や、もしポーランドが宿敵カール五世と対決する道を選び変革が始まったならばポーランドに行く可能性もあった。しかし、暫定協定はエムデンにおいて厳しく施行され、そのためア・ラスコは教会会議コエトゥスをできる範囲で支援するためエムデンに戻ることになった。しかし、ア・ラスコを追い出そうとするブラバント公の強い決意もあって、暫定協定が支配する間はエムデンを離れることを余儀なくされた。ア・ラスコはブレーメンに出かけ一五四九年十月にはハルデンベルク宅に居を構えていたが、その後ハンブルクを訪れ、後に激しく議論を戦わせるヨアヒム・ヴェストファルと会談した。そして一五五〇年五月、イングランドの友人たちからの招聘によって、ア・ラスコは家族を伴ってイングランドへの移住を決意する。

プロテスタント指導者としてのア・ラスコの人生の中で最も重要な時期が、このようにして始まったのである。このことは、彼のエムデンでの働きやネーデルラントなどにおける彼の影響力を過小評価するものではないが、ア・ラスコの最も重要な著作に加え、彼の最も効果的な教会政治がイングランドで生まれたのである。この地での教会政治が効果的であった背景としては、彼には好きなように教会を運営する自由がほぼ与えられていたことと、厳格な教会統治を行うことができたことが挙げられる。一五五〇年六月、エドワード六世はア・ラスコと彼の家族に居住権、すなわち事実上のイングランドの市民権を与えている。(41) 同年七月、国王特許状によってロンドン在住のドイツ人（オランダ人、ベルギー人を含む）、フランスからの移住者および亡命者のために、オースティン・フライアーズ教会の使用が認められる。外国人亡命者教会の総監督として、ア・ラスコにはロンドン主教の関与を許すことなく説教、教育、礼拝と教会訓練の自由が与えられていた。会衆によって選ばれた牧師や総監督は、国王から直接承認を受けたのである。[42]これは類のない譲歩であった。と言うのも、当時他のどの国においても、国によって支持されたものとは違った礼拝形式や教会組織を設立する完全な自由は与えられていなかったし、しかもそれが国の直接的支援によって行われていたからである。しかし司教たち、特にロンドン司教であったリドリーは反対を表明し、イングランドの国教会が採用してきた礼拝形式への外国人亡命者教会による挑戦に対して不満をもっていた。外国人亡命者教会の礼拝には〔国教会の礼拝に〕不満をもったイングランドの人々が集い、彼らにとってもう一つの選択肢としてライバル的存在となっていた。ア・ラスコ自身は後にポーランド王に彼の見解を明らかにしているが、その中で、外国人亡命者教会では純粋で使徒的な改革教会の事例をイングランドにおいて示したいとの希望を語っている。リドリーとそのほかの主教たちは、少なくとも一般祈祷書の儀式をア・ラスコの会衆に義務づけようとしたが、これは国王の諮問機関によって斥けられた。ア・ラスコの外国人亡命者教会は長老主義的であるとの指摘は一度ならずなされた（そこでは、牧師のみならず四人の長老と四人の執事が選ばれていた）。しかし、司教のような存在であったア・ラスコによって支配された教会は、実際長老主義とはよべないであろう。

一五五〇年末、ア・ラスコは「ロンドン外国人亡命者教会における聖職の儀礼と様式のすべて」〔Forma ac Ratio〕と題する彼の最も長文の論考を著した。[43] この論考にはポーランド王に献じた非常に長い一五五〇年の前文が含まれており、それは一五五五年に印刷され、牧師、長老、執事および総監督の選定と職務の説明がなされている。さらには、会衆の礼拝や公の祈り、聖礼典の施行、聖餐に加わることを許される者への教理問答、聖餐の本質についての長い議論も含まれていた。そして、破門を含む公的、私的な教会訓練、結婚の儀礼と病気の教区民への見舞いについての詳細な解説が続いた。宗教改革期に出された同じような文書の中では最も長文の論考であったが、このようにさまざまな材料を集め一つの本にしたものは珍しい。ア・ラスコはランベスでの長期滞在をも、この著作の準備のためには有意義な時間であったと考えたに違いない。しかし、この長文の論考が終わりではなかった。この長い論考を完成させた一年後の一五五一年には『信仰告白』と『教理問答』が出され、これらもかなりの長さの著作であった。[44] より体系的にまとめられているが、これらの著作は「東フリースラント教会教義概略」と比べ、際立って神学上の違いが見られるものでも、新しい展開を含むものでもなかった。

これらの著作が、イングランドおよびその他の地域にどのような影響を及ぼしたかを判定することは難しい。ア・ラスコが、当時イングランドの主教たちの間でチューリヒの門弟として孤立していたフーパー主教を支持し、〔カトリック司教を彷彿させる〕祭服や祈祷書の儀礼のある部分の使用に反対したこと、そしてこのような反対の声を挙げたのは外国人プロテスタント神学者の中ではア・ラスコ一人であったことは広く知られている。(45) しかしア・ラスコは変化をもたらすことができず、フーパーは屈服する。ア・ラスコの著述がもたらしたのは、イングランドのピューリタン運動のその後の進展に事例を提供したことであった。すなわち彼の著作は、律法的なキリスト教倫理を唱え、エリザベス一世期のピューリタンが長老たちに対して要求したものの起源となった可能性がある。そしてイングランドの多くのピューリタンによっても採用されたチューリヒ流の言明と実践を、最初に完全かつ明確にイングランドに提供したのも彼の著作であった。さらに、第二次一般祈祷書の中の「黒い註釈」（Black Rubric）とよばれるようになった部分の挿入の背景には、ア・ラスコの存在があったのではないかと思われる。一五五二年にはクランマーは、ア・ラスコが他国で総監督職を引き受けてくれれば好都合なのだがと思ったことであろう。ア・ラスコの影響が、予想されていた資質が示唆するほど大きくはなかったと感じたのはクランマーが最初ではない。

一五五三年七月（この年にア・ラスコの最初の妻が死去し、彼はイングランド人女性と結婚するのであるが）、エドワード六世の死とメアリの即位は、五十四歳となったア・ラスコが再度旅を続けなければならないことを意味した。今回は、彼の家族のみならずイングランドの彼の会衆の多くを伴っての旅であった。この困難な旅については、ア・ラスコの秘書であったジョン・ウーテンホーフによって紹介されている。(46) その原稿は一五五八年にカルヴァンに送られたが、カルヴァンはそれをジュネーヴで出版することを拒否している。さらにカルヴァンは、ルター派のヴェストファルに対する批判の前文を書いてくれるようにとのア・ラスコの一五五四年の要請を無視している。カルヴァンは、頑固さと論争好きなア・ラスコの性癖にうんざりするようになっていた。エムデンでは、ア・ラスコは旧友ハルデンベルクがルター派に対して譲歩したとして彼に対して腹を立て、また心が狭いという理由でメランヒトンとは不仲になっていた。今や北ドイツの各市はすべてア・ラスコに背を向けた。しかし、一五五六年にア・ラスコはポーランド国王によって母国に呼び戻される。ア・ラスコは彼の兄に与えた約束に従って、新設のポーランド南部の改革派教会を導くために帰国したのである。彼は、ルター派、ボヘミア兄弟団、改革派をまとめて教会同盟を作ろうとする。彼の叔父や兄の下で行ったかつての外交活動で学んだことを守って、教義を考慮するよりは政治的目的を確立することを優先した。しかし、ルター派もボヘミア兄弟団もこのような考えには賛同しなかった。ア・ラスコは再度総監督となるが、今やその教会は貴族によって支配され、彼らの財政援助に依存していた。急進的な宗教的意見が出現し始め、ア・ラスコはそのような意見を防ぐことに無力であった。分裂を恐れて、彼は正統な信仰から外れた者に対峙する信仰告白を作ることができなかった。彼は、反三位一体運動がポーランドに興隆し、改革派教会をほぼ消滅させる前の一五六〇年一月に死去する。ア・ラスコは、総監督の権威をもっていたという点では、(指導者としての) 始まりと終わりには共通項があった。しかし、エラスムスに傾倒した青年期にかけられた期待に応えるにはいたらなかったし、将来偉大な改革派神学者になる可能性について当初の期待を実現させることもなかった。独創的ではあってもア・ラスコの見解は他で取り挙げられることはなかったし、彼が目的としたものも、改革派教会の全般的な発展の中に覆い隠されてしまったのである。コエトゥスと改革派プロテスタンティズムがエムデンで生き残っただけで、ア・ラスコ関連のものでその他に残ったものは殆どなかった。

註

（1）*John a Lasco: his earlier life and labours,* Hermann Dalton. Trans. Maurice J. Evans, 1886. ドイツ語版（Gotha, 1881）の最初の部分。

（2）*Jean de Lasco,* G. Pascal. Paris, 1894. *Johannes a Lasco und der Sakramentsstreit,* Kruske, Leipzig, 1901. *Dzialność Reformatorska Jana Laskiego,* Polsce, 1556-1560, Halina Kowalska, Warsaw, 1969. *Jan Laski: Cześć I, 1499-1556,* O. Bartel, Warsaw, 1955.

（3）*A History of the Church of England from the Abolition of the Roman Jurisdiction,* R.W. Dixon, vol. III, 234-236.

（4）Bartel, ch. II, especially 23-30.

（5）*Joannis a Lasco opera tam edita quam inedita,* A. Kuyper, 2 vols., Amsterdam, 1886. Vol. II, 569.

（6）Cited in Dalton, E. T., 63.

（7）Cited in Dalton, E. T., 64.

（8）Cited in Dalton, E. T., 78.

（9）*Opera,* vol. I, 53.

（10）*Opus Epistolarum Des. Erasmi Roterodami,* ed. P.S. Allen, vol. VI, Epistle 1593, n. 133, Korespondencja Erazma z Rotterdama z Poakami, Maria Cytowska, Cracow, 1969, Letter XCV, 5th April 1537.

（11）Allen, vol. VI, 186, 188.
（12）Allen, vol. VI, 138.
（13）Allen, vol. VII, 120.
（14）*Opera*, vol. II, 583.
（15）ベアトゥス・レナヌス、Bertran, *Historia Critica Johannis a Lasco*, 1733, in *Johannes a Lasco*, Petrus Bartels, Elberfeld, 1860, 6から引用。
（16）Glareanus, *De Geographia* の序文, 1529, Allen, vol. VII, 66, n. 11.
（17）*Opera*, vol. I, 282, 388.
（18）Cited in Dalton, E. T., 153.
（19）*Opera*, vol. II, 547, 548.
（20）Allen, Vol. VIII, 369. ア・ラスコの生涯の中でその消息が消える場面が何度かあったが、その一つで、この時期以降エラスムスはア・ラスコに対して殆ど関心を示さなくなった。
（21）Cited in Pascal, 111.
（22）*Opera*, vol. II, 555, 557.
（23）*Opera*, vol. II, 575, 576.
（24）*Opera*, vol. II, 562.
（25）*Opera*, vol. II, 556. この出来事の詳細は Der Reinigungseid des Joh. Laski, Kawerau,（*Neue Theologische*

Zeitung）, X, 430ff. を参照。バルテルによると、誓約に署名したことはカトリック教徒としてのア・ラスコの最後の行為であった。これ以後ア・ラスコは最終的にかつ明確にプロテスタントに転じた。

（26）Kawerau, 432（*Acta Actorum Capituli Cracovensis* から引用）。

（27）Pascal, 177.

（28）*Opera,* vol. II, 575.

（29）*Opera,* vol. II, 576.

（30）*Opera,* vol. I, 1-62 *Defensio…receptae doctrinae de Christi Domini adversus Mennonem Simonis, 1545.*

（31）*Opera,* vol. II, 597.

（32）*Opera,* vol. I, 63, 96.

（33）*Opera,* vol. I, 89.

（34）*Opera,* vol. I, 481-556: 予定説に関しア・ラスコはカルヴァンとは違った考えをもっていた。*Opera,* vol. II, 676 参照。

（35）*Opera,* vol. I, 560ff.

（36）*Opera,* vol. I, 564.

（37）*Opera,* vol. I, 565. 聖餐に関しては、ア・ラスコがエラスムスの影響を受けていた可能性もある。

（38）*Opera,* vol. II, 495ff.

（39）*Works of Thomas Cranmer,* Parker Society, Cambridge, 1846, vol. II, 420, 421.

（40）（Zurich Letters）*Original Letters*, Parker Society, Cambridge, 1847, vol. IV, 383（November, 1548）.

（41）*Calendar of Patent Rolls*, Edward VI, vol. III,（1549-1551）316, 317.

（42）*Les Eglises du Réfuge en Angleterre*, F. de Schickler, 3 vols, Paris, 1892, vol. III, 5.

（43）*Opera*, vol. II, 1-284 *Forma ac Ratio tota ecclesiastici Ministerii, in peregrinorum potissimum, vero Germanorum Ecclesia: instituta Londini...* 1550. 1555.

（44）*Opera*, vol. II, 285-475. *Compendium Doctrinae de vera unicaque Dei et Christi Ecclesia, eiusque fide et confessione pura: in qua Peregrinorum Ecclesia Londini instituta est... 1551. De Catechismus, oft kinder leere, diemen te Louden... 1551.*

（45）Dixon, vol. III, 216, 219, 351, 493.

（46）*Simplex et fidelis Narratio de instituta ac demum dissipata Belgarum aliorumque peregrinorum in Anglia Ecclesia... per Joannem Utenhovium, 1560.* この書は、*Bibliotheca Reformatoria Neerlandica*（Geschriften uit den tijd der Hervorming in de Nederlanden）vol. IX. ed. F. Pijpre, The Hague, 1912 に有益な評論的序説（一―一二八頁）が入って再版されている。ウーテンホーフの解説には、ルター派の聖餐論に対する厳しい批判が含まれている。

解題

本書はバージル・ホール（Basil Hall）著 *John à Lasco 1499-1560　A Pole in Reformation England* の邦訳である。この書は、ホールが一九七一年にロンドンの Friends of Dr. Williams's Library で行った講演に基づいて執筆されたものである。講演内容を基礎としているため、ヨハネス・ア・ラスコの生涯が要点を押さえて簡潔に描かれている。一九九〇年に T&T Clark から上梓されたホール著 *Humanists and Protestants* には、一九七一年出版のこの論考が若干加筆されて第六章に所収されている。ホールはイギリスの教会史家であるが、長老派の牧師を務めたほかに、ケンブリッジの改革派神学校ウェストミンスター・カレッジやマンチェスター大学で神学や教会史の教鞭を執っていた。彼は一九九四年に死去するまで、政治的・社会的側面に焦点を合わせた宗教改革研究ではなく研究の中心に神学を据え、そのような文脈の中でプロテスタント神学のみならずカトリックの人文主義者にも光を当てて考察を続けていた。十六世紀のポーランド人宗教改革者で本書の主人公であるヨハネス・ア・ラスコ（Johannes a Lasco）は、ジョン・ア・ラスコ（John à Lasco）、あるいはポーランド語でヤン・ワスキ（Jan Łaski）とも呼ばれ、そこから英語ではジョン・ラスキ（John Laski）の通称がある。本翻訳では、ヨハネス・ア・ラスコで統一した。バージル・ホールの結論はア・ラスコの影響は限定的であったとするものであるが、実はア・ラスコは母国ポーランドでの活躍以上に、西欧の宗教改革運動において改革派神学や教会政治の確立と伝播に大きな力を発揮したことで知られる。

ア・ラスコはバーゼル滞在時に交流のあったネーデルラント出身の人文主義者エラスムスの他に、ジュネーヴのカルヴァン、ストラスブールの宗教改革者マルティン・ブツァーやチューリヒのツヴィングリの影響も受けていたことから、改革派神学の伝統を担う宗教改革者であったと理解するのが自然であるし、彼のさまざまな論考も改革派神学の真髄を極めた内容であった。一方、ローマ法王故ヨハネ・パウロ二世を輩出した「カトリック国」ポーランドで、ア・ラスコもその貢献者の一人であったプロテスタント宗教改革の大きな動きが十六世紀にあったことは、一般にはあまり知られていないし、彼のポーランドにおける晩年の活動を扱った近年の著作も少ない。我が国においても、ジュネーヴのカルヴァンやテオドール・ド・ベーズ、チューリヒのツヴィングリやハインリッヒ・ブリンガー等のスイス改革派宗教改革者と比べると、ア・ラスコの知名度は極めて低いと言えよう。日本のカルヴァン・改革派神学研究所とドイツ北西部のオランダ国境に近い町エムデンに設立されているア・ラスコ研究のメッカの一つヨハネス・ア・ラスコ図書館（Johannes a Lasco Bibliothek）との提携関係はあるが、他の改革派神学者と比べア・ラスコ研究者の数は極めて少ない。欧米においても、ア・ラスコへの関心はロンドンの外国人亡命者教会での彼の活動と、せいぜい東フ

エムデンのヨハネス・ア・ラスコ図書館

リースラントのエムデンでの総監督職就任期の活躍に限られ、ポーランドで彼が果たした役割まで着目する研究は少ない。十六世紀におけるプロテスタンティズムの興隆とカトリック教会の一時的凋落は、ポーランドのみならずボヘミアなどの中欧地域全体にみられた現象であったが、その後の対抗宗教改革運動と三〇年戦争の結果当地でカトリシズムが復興したことから、多くの人々にとってはポーランドを筆頭に中欧は歴史を通じてカトリックの牙城であったとの理解が支配的である。カルヴァン神学の西欧諸国への伝播に大きく貢献したいわゆる国際カルヴィニズム運動（International Calvinism）の顕著な動きと比較すると、ア・ラスコの教えや事例はインパクトに乏しく影響も局地的で短期的である。彼が神学者というよりは総監督として教会政治の分野で力を発揮した事実も、後世への影響という観点からすると、不利に働いたと言えよう。バーゼル、エムデン、ロンドンのようにア・ラスコが長期にわたって滞在した地域はいずれも客人としての扱いであり、市政府との軋轢はあったもののフランス人でありながらジュネーヴの教会政治を支配した神学者カルヴァンや、市政府との密接なやり取りで市政府と教会との二人三脚で教会政治を動かしたチューリヒの宗教改革者たちの事例とは、比較するにあたって両者の状況は違いすぎていた。また、西欧での史的展開を中心に据える今日の多くの改革派教会にとっては大きな関心事ではないかもしれないが、ア・ラスコが青年期と晩年を過ごしたポーランドで近世初期にみられたプロテスタント諸派の活発な動きについては、きわめて注目すべきものがある。そこで、ホールの論考では十分に取り挙げられることのなかったポーランド・リトアニアの宗教改革運動にも、筆者の過去の論文を要約かつそれに加筆するかたちで本稿において言及したい。

十六世紀にア・ラスコが過ごしたポーランドはどのような状況にあったか、また彼がその中で何を学んでいたかを知ることは、彼のプロテスタント信仰と神学への改宗を理解する上で重要である。プロテスタンティズムとは言っても、ポーランドの宗教改革では、フス派やカルヴァン派、ボヘミア兄弟団（Unitas Fratrum）など多くの教派が存立していた。ポーランドをはじめ中・東欧地域においては、神聖ローマ帝国とポーランド・リトアニア連合が二大国家を形成したが、この地域に広がった非中央集権化の流れは、多くの信仰告白、宗派の共存というヨーロッパでも特異な現象を作り出した。宗教改革期といえばカトリシズムとプロテスタンティズムの対峙が一般に想起されるが、この地域の宗教的寛容（religious tolerance）はドイツ・ルター派、ユグノー、ネーデルラントのメノナイトのようなプロテスタント諸派のほかに、東方正教会、ユダヤ人、イタリアから移り住んだ反三位一体論者の共存を可能としたのである。後述する一五七三年のワルシャワ連盟協約（Confederacja warszawska）や神聖ローマ皇帝ルドルフ二世が一六〇九年に発布する「一六〇九年の勅書」が、多数の信仰告白や宗派が乱立する状況を作り出す一助となったことは言うまでもない。しかし一方で、このような乱立が、信仰告白や宗派間の壁を低くし、それぞれの宗派が占める地位や領域を曖昧としたことも否定できない。そのためこの地域の学界は国、言語、宗派等でいわゆる「バルカン化現象」を惹き起こし、研究者もまとまった全体像が描けなくなっている。ア・ラスコもその導入に貢献した改革派神学の流れは、政治と宗教両面においてそのような運動の一つを形成するものであった。

実は、十六世紀ポーランドには、宗教改革が受け入れられる環境がいくつか存在していた。一五七二年のヤギェウォ朝断絶後に国王は選挙で選ばれるようになり（選挙王制）、国王はシュラフタ（Szlachta）とよばれる貴族が支配する議会によって監視されていた。ポーランドの貴族たちは、王権が教皇に対して独立性をもつことを警戒していたし、またカトリック聖職者の貪欲さや不道徳に対しても大きな不満をもっていた。シュラフタは一般に貴族とよばれるが、厳格に固定化された身分制度上の貴族ではなく、どちらかといえば古代共和政ローマの「市民」に近いと言われる。一四二五年には、シュラフタの身分に属する者に対して国王が裁判所の認可なく逮捕や処罰を行うことを禁止する人身保護特権ネミネム・カプティヴァビムス（Neminem captivabimus）が制定され、さらに一五〇五年には課税や立法には上下両院の同意に基づかなければならないことを認めさせて、ポーランド貴族民主主義の基盤を形成したニヒル・ノビ法（Nihil novi）が成立した。このシュラフタに対する人身保護特権は、イングランドでは人身保護令ヘイビアス・コーパスに相当する。シュラフタ間には保有資産に格差が存在したが、すべてのシュラフタには大貴族、中小貴族に関わりなく平等な政治的権利と特権が付与されていた。確かに少数の大貴族と一般のシュラフタの間には財力や社会的地位に格差があったことは他国と同じであるが、ポーランドでは普通のシュラフタまでもが、地方小議会や代議員を通じて地方政治や国制に大きな影響力をもっていた。宗教の領域においても、ポーランド宗教改革はシュラフタによる宗教改革といっても過言ではない。それほどシュラフタの影響力は大きかったのである。この頃のポーランド統治形態が、貴族共和政あるいは貴族民主主義と言われる所以である。換言すれば、十六世紀のポーランド・リトアニアは、貴族階級が支配する民主主義の様相を呈していた。

後に神聖ローマ皇帝（フェルディナント一世）になるフェルディナント大公が一五二六年にボヘミア王となると、ボヘミアに対するハプスブルク家の支配が始まる。ボヘミアは自治を失い、フェルディナントはボヘミアを徐々にローマ・カトリックに回帰させようと試みる。宗教的寛容に対して比較的許容的な態度で臨んだポーランド・リトアニアのヤギェウォ朝に対して、フェルディナントのハプスブルク家は権力の中央集権化を積極的に進め、カトリック教会復権の基礎を固めようとしたのである。フス派から出たボヘミア兄弟団は一四五七年に設立されるが、その直系の一派であるモラヴィア兄弟団はフェルディナントによって領国から追放される。追放のきっかけとなったのは、ミュンスター宗教改革運動から派生した宗教改革急進派「ミュンスター再洗礼派」の反乱であったと言われる。一五三五年に鎮圧されたこの反乱は、ヨーロッパの君主たちの間に急進宗教改革運動に対する警戒感を植えつけた。フェルディナント自身は、その後「支配者の宗教、その支配地に行わる（信仰属地主義［cuius regio, eius religio］）」の原則で知られる一五五五年のアウクスブルクの宗教和議の締結を進めるなど、カトリックとルター派諸都市の融和と両立を図った側面もあるが、ルター派以外のプロテスタント諸派に対しては厳しい態度で臨んでいる。

ボヘミアやモラヴィアから追放されたボヘミア兄弟団の多くの信徒は、シレジアやスロヴァキアのほかに特にポーランドに多くが逃れている。このような急進派の流入に対してジグムント一世は警戒感を強めて諸策を講じようとするが、一般にボヘミア兄弟団は移り住んだ地域において大いに歓待されている。彼らは主にポーランドのシュラフタ、特に下位貴族（中小シュラフタ）によって受け入れられたのである。ア・ラスコは、当時このような兄弟団に手を差し延べた貴族には含まれていなかったが、この頃カルヴァンやブリンガーらスイス改革派の宗教改革者たちと手紙のやり取りを始めている。ポーランドではすでに一二六四年の憲章「カリシュ法」（Satut kaliski）により、ユダヤ人の信仰や商業活動等における法的地位が保障されていたが、この法令はその後十四世紀半ばにヤギェウォ大学を創設したカジミェシュ三世、十五世紀にはカジミェシュ四世、そして一五三九年にはさまざまな反異端勅令を発布しているジグムント一世（Zygmunt I Stary）によっても基本的に承認されて、宗教的寛容がポーランドにおいて広く実践されていた。十六世紀半ばまでにクラクフだけでも約三十件の異端訴追がなされたが、それらは被疑者を戒めるだけで実際に厳罰が科されたことはない。このような寛容策は、ポーランドのキリスト教に大きな影響を及ぼした宗教改革運動の基礎をなすもので、特に一五七三年のワルシャワ連盟協約は「黄金の自由」の根幹となるものであった。この協約はワルシャワに集まったシュラフタが、ポーランド・リトアニアのすべての宗教に対し相互支持と寛容を求めたもので、寛容が保障されるべき宗派を特定していない。その意味では、この協約が認める寛容は、カトリックと改革派の特定の一宗派にのみ信仰の自由を認めたアウクスブルクの和議やナントの勅令と比較して、かなり広範囲に及ぶ寛容を認めたことになる。この協約は、シュラフタの選挙によって選ばれた国王が誓約することを義務付けられたヘンリク諸条項（Artykuły henrykowskie）の中に組み入れられている。

リトアニアやポーランドをしばしば訪れたピエトロ・パオロ・ヴェルジェリオ（Pietro Paolo Vergerio）らの努力にもかかわらず、ルター派の勢力範囲は、ケーニヒスベルクを中心としたドイツ騎士団領の東プロシア地方にあったプロシア公領（Herzogtum Preußen）と、ポーランド中西部のヴィエルコポルスカ（大ポーランド）の一部に限られた。イタリア出身のヴェルジェリオは、ヴェネツィアにおいてカトリック教会から異端宣告を受けた直後にドイツのヴュルテンベルクのクリストフ公の招きに応じ、当地の神学者ヨハン・ブレンツと協力してルター派の国際的伸長に尽くしたため、スイス改革派教会から不信を買っていた。一五五九年に実現した彼のポーランド訪問は、ヨハネス・ア・ラスコの改革派教会に対抗する意味合いがあった。カルヴァンの教説をヨーロッパ中に流布させた国際カルヴィニズム運動に対して、ヴェルジェリオの活動は、国際ルター派運動の代表的動きの一つと見ることもできる。十六世紀中期のリトアニアにおいても、ビリニュス地方の領主（ヴォイヴォダ voivode）で大貴族（magnat）であったミコワイ・ラジヴィウ・チャルニィ（Mikołaj Radziwiłł Czarny）が改革派に改宗し、短期間ではあったがカルヴァン主義をリトアニアに根付かせた。

ポーランド・リトアニアのプロテスタントは、カルヴァンやスイス宗教改革者の指導を受けていた改革派グループと、イタリア知識層の亡命者の影響下にあった主に再洗礼派のグループに分かれていたが、後者はファウスト・ソッツィーニ（Faust Sozzini）の反三位一体論グループとして知られるようになる。実はポーランドは、ヨーロッパにおける反三位一体論者を受け入れた唯一の国であった。有名なイタリア人宗教改革者ベルナルディーノ・オキーノ（Bernardino Ochino）もその一人で、反三位一体論をはじめとする教説を支持したために亡命先のチューリヒからも追放されたオキーノが最後に落ち着いた先がポーランドであった。

チューリヒの反三位一体論に対する厳しい姿勢を物語るエピソードとして、ポーランドとの間で展開されたのはオキーノに関連する事件のみではなかった。三位一体説を批判する著作*De Trinitatis Erroribus*を一五三一年に出版し、ジュネーヴで火刑に処せられたスペイン出身のミシェル・セルヴェ（Michel Servet）に関し、小ポーランドのピンチュフの僧侶は、チューリヒの宗教改革者ハインリッヒ・ブリンガーに教義に関する伺いを立てるが、それに対してブリンガーはセルヴェを「キリストおよび真の宗教の敵」と断じて厳しく批判している。このことは、一五五五年末頃には小ポーランドにおいても、反三位一体論が広く教会に浸透していたことを想起させる。反三位一体論者とは、三位一体論やキリストの神性を否定して聖書解釈に理性の適用をもち込んだソッツィーニに代表されるいわゆるソッツィーニ派の流れであり、このシエナ生まれのイタリア人神学者は一五七九年にポーランドに到着すると、西欧において異端視されつつも啓蒙主義的側面をも維持した反三位一体論の教説を広めようとした。元来ポーランド貴族は教育に対する関心が高く、特に十五世紀以後のポーランド貴族の間に浸透し始めたイタリア人文主義の影響は無視できない。ア・ラスコをはじめ、多くのポーランド貴族がイタリア、特にパドヴァで学んでいる。実は、ポーランド・リトアニアの宗教事情の基盤を形成する寛容論にも、人文主義の考え方が大きく影響を及ぼしていた。ポーランドにおける反三位一体論は、キリスト教会の伝統の中で理解されてきた三位一体論を拒否しユニテリアンの方向に舵を切る立場をさすだけでなく、聖書と使徒信条に例示されるシンプルな教説に立ち返ろうとする再洗礼派の動きをも包含していた。ソッツィーニが活躍する以前のポーランドにおいて再洗礼派運動を創始し、モラヴィアに定住していたドイツからの多くの再洗礼派信徒をポーランドに導いたペトルス・ゴネシウス（Petrus Gonesius）は、一五六〇年代に正統カルヴァン派の「大教会」（Ecclesia Major）から分離し反三位一体派からなる「小教会」（Ecclesia Minor）を設立している。ポーランドにおける再洗礼派運動と反三位一体派の近接を示す例である。「小教会」は「ポーランド兄弟団」の名でも知られる。

ポーランドやリトアニアの改革派教会は、スイス改革派の影響を大きく受けたとしても、その組織は改革派貴族の領地に立地した小さな集会が中心であり、チューリヒやジュネーヴでみられた世俗の市政府と教会が協力して宗教改革を遂行していくいわゆる官憲的宗教改革（Magisterial Reformation）とは大きく相違していた。さらにポーランドの改革派教会は、カトリック国フランスの中でのユグノー教会に類似した側面をも確かに保持していた。しかし、ユグノー教会がフランス王室とは敵対的緊張関係を維持していたのに対し、ポーランド改革派教会はカトリック国王と対峙することはなく、王の寛容策を支持する立場に終始した。このような状況の背景には、ポーランドとリトアニア特有の政治的、社会的要因があるが、さらに再洗礼派と反三位一体論者からの霊的影響も無視できない。再洗礼派と反三位一体論者は、双方とも教会事項および良心に関する事柄において強制されることには強い反発を示した点で共通していた。結局後者は再洗礼の意味を真剣に理解するにはいたらなかったが、この二つの宗派の交流は、ポーランドとリトアニアの宗教改革急進派を特徴づける流れとなった。ヨーロッパ各国で異端視されていたこの両派を受け入れたことは、ポーランド・リトアニアが寛容論に関してヨーロッパでも特異な存在であったことを示している。今日的観点からみても、近世初期宗教思想において寛容策という最も進んだ考えをもっていたのが、このようなポーランド・リトアニアをはじめとする中・東欧地域であったといえよう。

さて、ポーランドにおける宗教的寛容、貴族共和制、宗教改革の流れの中で、ヨハネス・ア・ラスコはどのような生涯を送ったのであろうか。ポーランドに生まれ、一五六〇年に同じくポーランドで没したア・ラスコは、人生のかなりの部分をバーゼル、エムデン、ロンドン、フランクフルト等の西ヨーロッパ諸都市で過ごすことになるが、母国でのこのようなシュラフタ民主主義と宗教的寛容が、彼の神学や活動に影響を及ぼした可能性は考えられる。ア・ラスコは一四九九年にポーランド中部のラスコで生まれている。ア・ラスコの父は、ラスコを含むシェラツ（Sieradz）地域の領主（ヴォイヴォダ）、すなわち小貴族であった。バーゼル等においてア・ラスコはポーランド貴族の扱いを受けていたが、実は彼の出生は貴族とはいっても小貴族であった。ポーランド語でア・ラスコと同名の叔父ヤン・ワスキは、ポーランドの首座司教（Prymas Polski）であるグニェズノ（Gniezno）大司教に一五一一年に就任したが、彼は一五〇三年以降ジグムント一世の大法官職（Kanclerz）の要職をも兼務していた。大法官は大法官府（Kancelaria）を指揮すると同時に、外交等重要案件で国王に最も身近な立場で助言を与えていた。それゆえ、大司教は聖職よりは世俗の役職の中でより大きく母国ポーランドに貢献したと言えよう。このような権力をもつ叔父の下で、ア・ラスコも当然のことながら聖職者の道が運命づけられていたと言えよう。大司教は、他の二人の甥（ヒエロニム Hieronim およびスタニスラス Stanislas）と一緒にア・ラスコをクラクフに呼び寄せ教育を施している。その後ア・ラスコは、一五一二年から第五ラテラン会議に国王の名代として出席する叔父に付き従いローマに到着する。その後ボローニャ、パドヴァの各大学で教会法を学んだ後帰国し、グニェズノの主任司祭補佐に就いている。ネポティズムの批判もあったようであるが、叔父は甥のア・ラスコのために役職に相応しい報酬の他に、ローマ教皇庁にこの任命を承認してもらうためにかなりの出費を行ったと言われる。二年後に叙階された後は主任司祭（Dziekan）となり、ア・ラスコにはカトリック教会において約束された将来が待ち受けているかに見えた。

一五二四年、ア・ラスコは二人の兄弟ヒエロニムとスタニスラスと一緒にフランス宮廷への使者を務め、その途中バーゼルに

ヨハネス・ア・ラスコと彼の二人の兄弟たちが、大司教の叔父によって教育のために呼び寄せられたクラクフにある中央市場広場
後方の教会が聖マリア教会

立ち寄る。バーゼル滞在中に町のすべてに強い感銘を受けた彼は、その翌年にはバーゼルに居住してエラスムスの影響を強く受けることとなる。バーゼル居住時のア・ラスコはまだカトリック教徒であったが、カトリック教会の改革が必要であるとするキリスト教人文主義の考えに彼も同調するようになる。バーゼル滞在中彼は、ヘブライストであるコンラッド・ペリカンやヨハネス・エコランパディウスといった当代一流の神学者と知り合い、彼らからも短期間に「新しい教え」について多くを吸収したと思われる。エコランパディウスからは、聖餐時におけるキリストの霊的存在の教えを受け、カトリック教会の教義であるミサにおいてパンと葡萄酒がキリストの体に全実体変化するという聖変化（transsubstantiatio）にア・ラスコは疑問を抱くようになったとされる。この頃エラスムスとルターの間には人間の自由意志を巡る論争が始まっていたが、ア・ラスコもこの論争に関心を示している。自由意志が人類の堕罪後も存続するとする一五二四年のエラスムスの『自由意志論』に対して、ルターは翌年『奴隷意志論』を発表して人間の自由意志は罪を犯させるだけと主張しているが、エラスムスと深い交流をもっていたア・ラスコは、この頃ルターの決定論的見解に対し強く警戒する立場を維持している。キリスト教世界の一致と平和を希求したエラスムスは、宗教的寛容の基礎を作った人物であるが、寛容の動機は違っても同じような伝統をもつポーランドで育ったア・ラスコがエラスムスに親近感を覚えたことは容易に想像できる。この時期のア・ラスコの立場は、教会改革に関してエラスムスの人文主義的信条の影響を吹き込まれていたし、聖餐論に関してはエコランパディウスのツヴィングリ神学に近い教説を受け入れていたかもしれない。しかし、エラスムス同様自分の主義主張を積極的に表現することはなく、カトリック教徒のままポーランドに帰国することとなる。

ポーランドに戻ったア・ラスコは、スイス滞在中にエラスムスやツヴィングリと交流をもったことから、特にア・ラスコの叔父グニェズノ大司教に敵対するローマ教皇至上主義者たち（Ultramontanists）から疑惑の目を向けられることになる。異端の罪のみならず秘密裏に婚姻を済ませていたとの嫌疑をかけられたア・ラスコは、叔父のグニェズノ大司教やクラクフ司教に対してカトリック信仰に反する教説を自身は認めていないことを公開の場で誓約している。ア・ラスコの生い立ちと教説を好意的に解釈するエイブラハム・カイパーやヘルマン・ダルトンは、ア・ラスコが自身の婚姻に関して虚偽の証言や誓約をするはずはないとして、この誓約が一五二六年に行われたものと判断しているが、バージル・ホールのようにこの誓約がなされた年を一五四二年とする意見もある。実は一五二六年頃のア・ラスコは、エラスムスと同様にローマとの断絶を経ずとも教会改革の実現は可能であるとの穏健な立場を維持していた模様である。この頃のア・ラスコにとって、ローマとの断絶は母国ポーランドとの絶縁と同義であった。しかし、ルター派を始め宗教改革の動きはグダニスクを筆頭にポーランド各地で見られ、一五二四年に西南ドイツのシュヴァーベン地方で始まりトーマス・ミュンツァーの反乱で頂点に達したドイツ農民戦争の影響の流入も噂される中で、ポーランド国会が召集されこのような異端分子撃退のための諸策が議論された。ア・ラスコが帰国したのは、この国会の閉会直前であった。しかし、ア・ラスコ帰国後のポーランド教会では、改革の動きが殆ど見られなかった。目立った教会改革の動きのないポーランド・カトリック教会では、ア・ラスコにとって粛々と与えられた職務を全うする以外に選択肢はなかったのかもしれない。この頃エラスムスとの交流も疎遠になっており、一五三〇年にエラスムスがフライブルクから出した書簡でポーランドの知人や友人に関して書かれた部分でも、ア・ラスコに関しては一言もふれられていない。サポヤイ・ヤーノシュ（Szapolyai János）支持を掲げるア・ラスコに対して、神聖ローマ帝国に気を遣うエラスムスがア・ラスコとの関係の維持に慎重になったのではないかと憶測は絶えない。

サポヤイ家はトランシルヴァニアの豪族（ヴォイヴォダ）であったが、ハンガリー・ボヘミア王であり後継者のいなかったラオシュ二世（II. Lajos）が一五二六年のモハーチ（Mohács）の戦いでオスマン・トルコ軍に敗れ戦死してハンガリー王位が空位となったことから、サポヤイが王位に就こうとしてハプスブルク家のフェルディナント公（ラオシュ二世の義兄）と王位をめぐり対立する。サポヤイは、ハンガリー貴族の多数（特に下級貴族）とオスマン帝国のスレイマン一世の支持を得るが、フランス王をはじめ他のヨーロッパ諸国の実質的支持や援助を得ることはできなかった。ア・ラスコの兄で外交官であったヒエロニムは、ハンガリー王位継承問題で、ハプスブルク家支持の主君ポーランド王ジグムント一世の意向に反してサポヤイの支援にまわり、神聖ローマ帝国とローマ教皇の不信を買うこととなる。ヒエロニムが主君に逆らってまでサポヤイを支持した背景には、フランス王フランシス一世によって設置された複雑な反ハプスブルク網の存在があったと考えられる。ア・ラスコも一時サポヤイからハンガリー国内のヴェスプレーム（Veszprém）司教の座を提供されたが、サポヤイが破門の憂き目にあったため実現することはなかった。ヒエロニムはその後サポヤイとの関係を終焉させ、その結果サポヤイによって逮捕、監禁されたり、次にはこれまでの敵フェルディナントと連携したりと優柔不断な態度を取り続けた。ヒエロニムの二人の兄弟たちも彼の行動に翻弄されることとなる。ヒエロニムは、フランソワ一世に忠実に従って幽閉先のマドリードまで出かけて行ったスタニスラスや、この後宗教改革者として一途に宗教改革の道をひた走るア・ラスコとは、同じ兄弟でも大きな違いを見せる。さらに外交官ヒエロニムの奔放とも言える積極的な外交活動は、叔父の大司教ヤン・ワスキの輝かしい人生さえをも破滅に追い込むこととなる。結局甥ヒエロニムに対する身内びいきによって、大司教ヤン・ワスキは自分の主君の意に反してハンガリー王としてサポヤイを推すことになり、そのことで彼はローマ教皇クレメンス七世から破門宣告を受け、一五三一年に失意のうちに急逝したと伝えられている。

このような厳しい状況下、ア・ラスコは逃げ出すことなくグニェズノで主任司祭の仕事を落ち度なくこなす一方で、ポーランドにおいて出世階段を昇る教会政治の世界に身を埋めるよりは、バーゼル滞在中にふれた神の真理の探究に徐々に傾斜していくこととなる。一五三六年頃には、ア・ラスコが祖国を離れヴィッテンベルクのルターとメランヒトンを訪れたとの噂が立つ。ポーランドの人文主義者で神学者でもあったモジェフスキ（Andrzej Frycz Modrzewski）

が、ア・ラスコに宛てた手紙の中でそのような噂の存在に言及している。その間もア・ラスコは新しく聖職禄を授かり、ポーランドのカトリック教会内でも仕事ぶりは評価されていた形跡がある。グニェズノ主席司祭（Proboszcz）や一五三八年にワルシャワ司教区の助祭長に叙任されたことも、ア・ラスコに対する評価の高さを物語る。またア・ラスコは、亡くなった叔父の政敵であったクヤヴィア司教マティアス・ジェヴィツキ（Matthias Drzewicki）が大司教に選出されたことをジェヴィツキに報告し且つ交渉する重責を果たしている。ジェヴィツキは、かつてア・ラスコの叔父グニェズノ大司教に抗議の訓戒を出すために、ジグムント一世の二番めの妃であったボナ・スフォルツァ（Bona Sforza）の力を借りようとした一団に属していた。それゆえジェヴィツキはア・ラスコにとっては憎き政敵に値する相手のはずであったが、交渉は平和裏に進みア・ラスコはそのことで自身の評価を上げている。イタリア出身でポーランドに洗練されたルネッサンス文化を紹介したとされるボナ・スフォルツァは、改革派教会に厳しい対応で臨んだと伝えられるが、彼女の存在は、一五四〇年代に母国での迫害から逃れて来た多くのイタリア人人文主義者や反三位一体論者がポーランドに安住の地を求める契機となった。

一五三八年、ア・ラスコにクヤヴィア司教職を与える話があったが、彼はすべての聖職を辞し、国王ジグムント一世の許可を得てポーランドを離れる。彼はライプツィヒでメランヒトンに会った後、ツヴィングリ派神学を受け入れていたフランクフルトに向かっている。フランクフルトでア・ラスコは、彼の生涯の親友となるアルベルト・ハルデンベルク（Albert Hardenberg）に会い、二人はマインツ、ルーヴァンに移り住むが、ルーヴァンでア・ラスコは将来の伴侶に恵まれ翌一五四〇年にバルバラと結婚をしている。バルバラの生涯の詳細は不明であるが、ハルデンベルクは幼くしてネーデルラント北東部の

イタリア出身のボナ・スフォルツァの影響もあったとされるクラクフのヴァヴェル城旧王宮の中庭

町フローニンゲンにある共同生活兄弟団（Brüder vom gemeinsamen Leben）に入れられ教育を受けている。共同生活兄弟団は、『キリストに倣いて』の著者トマス・ア・ケンピスやフランドル地方の女子修道会ベギン会にも通じ、エラスムスやルターも幼少期に学んでいるが、デヴォツィオ・モデルナ（Devotio Moderna）の精神のもと、祈祷と禁欲、瞑想によって個人の魂の救いを追及しようとしたグループであり、カトリック敬虔主義の流れを汲みながらもルター派やネーデルラントへの影響が指摘されてきた。ルーヴァンで祈りと聖書の学びの集

ハルデンベルクが幼少期に通った共同生活兄弟団は、かつてフローニンゲンのこの場所にあった建物を所有していたが、現在はプリンセンホフ・ホテルとなっている

会に集ったハルデンベルクは、この町でプロテスタント信仰へ向けての第一歩を踏み出したのである。一方ア・ラスコの結婚は、彼がプロテスタンティズムに改宗した明確な証拠である。彼の神学が、穏健なエラスムス流人文主義から、エコランパディウスのプロテスタンティズム、そしてより急進的なツヴィングリ派神学の受け入れに、いつ、どのような過程を経て進んでいったのか確固とした証拠はない。一五四〇年になるとア・ラスコは、現在のドイツ・ニーダーザクセン州の一部である東フリースラントの町エムデンに移り住み、そこに四九年までの九年間居住して宗教改革運動に従事する。エムデンでア・ラスコは、ルター派やカルヴァン派の教説に基づいて説教を行ったのではなく、独立した立場から聖書に基づき彼自身の信仰告白や教会政治のシステムを作り上げていった。彼の教義はエラスムスとツヴィングリの影響下で形成されたと言われており、一五四四年に作成され彼の死後上梓された「東フリースラント教会教義概略」でその全容をうかがい知ることができるが、ルターやカルヴァンの教説からは独立したものになっている。たとえば、「信仰による義」というルターの中心的教説についても、ア・ラスコは信仰のみならず行いが伴ってこそ有効であるとの考えをもつ。また、幼児洗礼は認めつつも、教会から再洗礼派を排除するに十分なだけの重要性はもちえないとして、その点に関してはツヴィングリのチューリヒ教会とは一線を画す。ポーランドでの寛容論の伝統が引き継がれていると判断してもよかろう。彼の聖餐に関する考えは、キリストの死を記念する聖餐という考えを維持しつつ、陪餐のパンと葡萄酒を食することは、キリストの肉と血にあずかることと同一であるとしている。ルター派の共在説は否定しつつ、信仰と聖霊の働きを強調することで、ツヴィングリの象徴説よりは聖餐時におけるキリストとの真の交わりと聖餐の効用（efficacy）を強調する立場（true presence）を維持し、スルスム・コムダを基礎としたカルヴァンの霊的臨在説にも近い。

一五四二年ア・ラスコは、東フリースラントを支配するオルデンブルク伯アンナ（Anna von Oldenburg）からエムデン領邦教会の総監督（Superintendent）に迎えられる。夫エンノ二世伯爵を失い摂政として施政に携わったアンナは、各宗派間のバランスを取って彼らの共存を模索する宗教的寛容策を標榜していたが、この頃エムデンの教会は、カトリックのフランシスコ会、再洗礼派、そしてルター派の諸活動により混乱状態にあった。アンナは亡夫と比べるとルター派とは距離を置いていたようであるが、彼女の寛容策は教会訓練の乏しい教派の割拠状態を作り出したとも言える。このような混乱状況の是正のためには、ポーランドやハンガリーで教会政治に携わってきたア・ラスコの総監督就任は、理想的な人事判断であった。彼はツヴィングリ、エコランパディウス流の教会政治をエムデンにもち込み、さらにこの後イングランドにおいても総監督としてロンドン外国人亡命者教会の教会政治に腕を振うことになる。一五四三年の段階ではドイツのリューネブルク規則がエムデンにおいて法的効力をもっており、ア・ラスコもこの規則を一旦受け入れている。このような状況下、改革派の教会規則をエムデンに根付かせることは当初から困難を極めたが、彼はハンガリーとポーランドにおいてほぼ司教の座を手に入れ、叔父のヤン・ワスキ大司教やキングメーカーとして活躍した兄ヒエロニムの影響も受け、教会政治に関与するにあたってはあらゆる素養と経験を身に着けていたと言えよう。

ア・ラスコは、まずフランシスコ会の会堂から聖像を除去することに成功する。説教者というよりは教会政治の分野での能力に長けたア・ラスコが次に行った改革は、聖職者と四人の信徒代表で構成される教区司法機関たる宗務局（Konsistorium）を創設することであった。この機関は市民の慣習や行動を監督し、必要とあれば矯正と警告を行い、それに従わない場合は破門を行う権限をもっていた。このような組織は、再洗礼派の「無秩序」に対応しようとしたもので、ア・ラスコはスイス改革派教会と同様に、聖職者のみならず特に信徒の教会統治への参加を重要視していた。再洗礼派は教会論以外の分野での組織神学体系を構築できず、信徒間の繋がりに基づく会衆、いわゆるゲマインデを基礎とする「目に見える教会」を標榜し、市政府や領邦国家を基盤として教会政治が行われる官憲的宗教改革を批判した。ア・ラスコにとっては、教会訓練（Kirchenzucht）と牧会（Seelsorge）は互いに密接に関連しており、警告等厳しい対処と並行して違反者に対する鼓舞や慰めの必要も認識されていた。そしてこのような教会訓練は、総監督や彼の同僚牧師の教会巡察（visitation）によってエムデン全域で維持されていた。それぞれの教会は独立した組織をもち、他の教会とは総監督を通じて関係を維持した。宗務局は共同体内の道徳規律の維持や風紀取り締まりを主たる任務としたが、エムデン教会の場合、その他にも教会外でのギルドに対する助言、食糧不足等緊急時の援助、市当局と協力して地区の学校の管理統率にも関与した。婚姻裁判所（Ehegericht）や道徳・風紀取締り裁判所（Sittengericht）の役割を担ったスイスの改革派教会の宗務局と比べると、エムデンの宗務局の職務の範囲はそれよりは若干広いように思われる。たとえば、カルヴァンのジュネーヴにおいては、風紀規則でもある教会規則（Ordonnances ecclésiastiques）の実施機関としての宗務局（consistoire、教会裁判所とも訳される）の影響力は大きく、住民の思想や行動のチェック機関としての役割を担っていたが、風紀取締り以外の権限や機能は限定的であった。夏の期間には毎週フリースラント中の聖職者が集まり、教義問題や教会訓練、聖職者の補充等について話し合うコエトゥス（coetus）とよばれる教会会議が、一五四四年以降召集されていた。このような教会会議はジュネーヴの教会やチューリヒ教会においても実施されていた。復活祭から聖ミカエル祭の間の毎週月曜日午前に集まった聖職者たちは、夏の会期中の議長と書記を自分たちの中から選ぶと、祈りでもって会議は開始された。コエトゥスは常に開催されていたわけではなく、日々の教会関連案件については宗務局が対応した。さらに総監督としてア・ラスコは、カトリック教徒はもとより、心霊主義のダフィット・ヨリス（David Joris）や平和主義のメノー・シモンズ（Menno Simons）率いる再洗礼派とも神学議論を重ね、スイス改革派に近い彼の立場を強化していった。この頃エムデンには、再洗礼派としてバーテンブルク（Jan van Batenburg）率いる急進派セクトとシモンズが指導する穏健なメノー派が存在していた。バーテンブルク派は、ヨーロッパを恐怖に陥れたミュンスターの反乱につながるセクトで、再洗礼派の中でも最も過激な武闘派組織であった。

ア・ラスコはメノー・シモンズと神学論争を行って、キリストにおける顕現等シモンズ率いるメノー派との神学上の考えの相違がいくつかあることを明確にしたが、一五四四年にオルデンブルク伯アンナがすべての再洗礼派信徒の追放を決定した時には、穏健派の中でシモンズ等指導者以外の信徒に対しては寛容策を取るようにアンナに進言している。その後、一五四八年に神聖ローマ皇帝カール五世が東フリースラントにも受け入れを迫った「アウクスブルク暫定協定」にオルデンブルク伯アンナが翌年同意したことによって、改革派神学を基盤として教会改革を行ってきたエムデンは窮地に追い込まれることになる。シュマルカルデン戦争でのプロテスタント諸侯の敗北によって強制された「暫定協定」には、カトリック神学の「誤謬」が内包されていたことから、その受け入れを拒否したア・ラスコは、総監督の職を辞して彼と信徒のために新たな亡命先を探すことになる。その頃イングランドは、国王エドワード六世とクランマー大主教を中心に完全なプロテスタント宗教改革に向けて大きく舵を切ろうとしており、クランマーは大陸の有力な宗教改革者たちを改革のために招聘しようとしていた。ケンブリッジで改革に参加したストラスブールの宗教改革指導者マルティン・ブツァーや、オックスフォードに向かったイタリア人神学者ペトルス・マーター・ヴェルミーリはその代表例であるが、ア・ラスコやメランヒトンに対してもクランマーは、一五四八年以前から盛んに誘いの手を差し延べていた。ア・ラスコを含め多くの神学者をイングランドに招聘しようとするクランマーは、ヨーロッパのすべてのプロテスタント教会間の同盟をめざす構想をもっていた。当時ロンドンやテムズ川対岸のサザークでは、フランスとオランダからだけで約三千人のプロテスタント亡命者がおり、そのほかにイタリアやスペインからの亡命者も存在した。

ア・ラスコの生涯で、イングランド滞在期は宗教改革者として最も成果があった時期であり、彼の最も重要な著作『ロンドン外国人亡命者教会における聖職の儀礼と様式のすべて』（*Forma ac Ratio*）は、イングランドでの外国人亡命者教会運営の経験を基にして作成された教会規則である。彼はイングランド滞在中にその殆どを書き上げ、後日一五五五年にフランクフルトで出版している。教理問答書（Katechismus）とともに教会訓練と規則を整理したこの著書は、信徒に改革派の教えを教示する重要な指南書であった。エラスムス主義の伝統を守って信徒教育に精力を傾けたア・ラスコらしい著作である。一五五〇年夏にア・ラスコには、エドワード六世よりイングランドでの居住許可が与えられ、さらにドイツ人（オランダ人、ベルギー人を含む）とフランス人移住者のための外国人亡命者教会としてオースティン・フライアーズ教会の使用が国王特許状（Royal Charter）によって認められている。彼にはこの教会の総監督として、説教、礼拝、教会訓練等を自由に行う権限が与えられ、外国人亡命者教会は事実上一五四九年統一令の規定を免除された。このことは、ロンドンのど真ん中で、ロンドン司教の管轄から切り離されたいわば飛び地的な礼拝の場と教会政治の領域が与えられたことに等しい。総監督や会衆によって選ばれた牧師たちは国王個人によって承認を受けたが、イングランド国教会制度に例外を作るものであり、外国人亡命者教会に対する政府の大きな譲歩であったことから、ロンドン主教

ロンドンのシティのビル街に囲まれた現在のオランダ教会（オースティン・フライアーズ）

ニコラス・リドリー等の強い反発を招いた。リドリーや他の国教会主教は、外国人亡命者教会に対して少なくとも一五四九年の第一次一般祈祷書（The First Book of Common Prayer）の使用を義務付けようとしたが、この試みは枢密院によって斥けられた。このような治外法権的教会の設置を政府が許した背景には諸説あるが、一つはすでにロンドンにはオランダ人やフランス人の亡命者の教会があり、それらはイングランドの教区教会から独立した存在であり、これらに公的な承認を与えることで一種の管理体制を実現しようとしたことが挙げられる。このような管理体制の確立により、外国人亡命者教会に再洗礼派や反三位一体論者等の異端的教派やその教えが蔓延ることを防ぐことが期待できると考えられた。ア・ラスコ流の教理問答書、教会訓練、そしてプロフェシー（prophecy. エリザベス一世期には prophesying と呼ばれ、チューリヒ教会のプロフェツァイ Prophezei を原形とした）とよばれた学習集会は、外国人亡命者教会に秩序と訓練を維持させるには最適であった。外国人亡命者教会で開催されたプロフェシーは、教義に関する亡命者間の一致の維持を目的に毎週木曜日に召集された学習集会であった。集会の議論の内容についてはまえもってコエトゥスで審議・承認され、聖職者と一般信徒の区別なく、異端的傾向は聖書に基づき公の場で厳しく指摘された。そして、さらなる改革を望む若き国王エドワード六世とクランマー大主教は、ロンドン中心部にある外国人亡命者教会の改革運動によって、他のイングランド教区教会が改革に目覚めることをも期待していた模様である。すなわち、ア・ラスコの外国人亡命者教会には、イングランド教会のより急進的改革に向けて主導的役割を担うことが求められていた可能性がある。また、枢密院による外国人亡命者教会への治外法権的権限付与の決断の背景には、経済上の配慮があったとも言われている。織工、樽製造職人、仕立て業者、印刷業等、亡命プロテスタント外国人には手に技術をもった者も多く、彼らや交易商人をイングランドに引き寄せるためにも、秩序を維持しつつ自由な礼拝が許される外国人亡命者教会の設置は必須の措置であった。

イングランド教会改革の先導役を担ったア・ラスコであったが、一部の事案に関しては彼の考えの急進性と頑なさによって、クランマーを含めたイングランド国教会の意向と対立することとなる。その一つは祭服論争（Vestiarian controversy）であり、ア・ラスコはカトリック教会時代を彷彿させる祭服の使用に強硬に反対するグロスター主教ジョン・フーパー（John Hooper）を招聘外国人神学者の中でただ一人支持し、イングランド教会の改革の遅れを非難して国教会関係者を困惑させる。聖餐論ではブツァー、ヴェルミーリ、クランマーと同じく象徴説より聖餐時のキリストとの真の交わりと聖餐の効用を認める立場で一致したが、祭服論争でのア・ラスコのラディカルな言動は、外国人神学者の中で突出していた。ア・ラスコは、祭服はアディアフォラ（adiaphora）の領域に属するものではないと断じてフーパー支持に回ったが、反フーパーの急先鋒はロンドン主教リドリーであった。リドリーにとっては自分が統括するロンドン主教区で治外法権的地位を認められた外国人亡命者教会の件もあって、ア・ラスコに対しては簡単には譲れない立場にあったと思われる。さらに、急進改革論者ジョン・ノックスが一五五二年の第二次一般祈祷書の中にある聖餐時における跪きの規定に異論を唱え、妥協の結果生まれたいわゆる「黒い註釈」（Black Rubric）の一般祈祷書への挿入の背後にはア・ラスコの存在があったと言われている。「黒い註釈」は第二次一般祈祷書の中の「主の晩餐執行規則」（Order for administration of the Lord's Supper）の最後に、跪きは聖体を崇敬するものではないとの説明をわざわざ挿入したもので、聖餐時の跪きのように聖書に明示されていない事柄を行うことは反聖書的であり神の意思に反するとするツヴィングリの聖書解釈論を想起させる。ア・ラスコは外国人神学者の中では神学思想において最もツヴィングリに近いと考えられ、聖餐論ではクランマーやヴァミーリ等の立場に合意したが、ア・ラスコ神学の中心を占める礼拝規則や礼拝秩序に直接関係する祭服と跪きについては急進改革派路線を堅持した。ア・ラスコの教会規則は、イングランド教会よりもネーデルラントの改革派教会で広く受け入れたと考えられるが、イングランドでは、ア・ラスコの教会規則そのものよりは、祭服論争でみられた彼の執拗なロビー活動に焦点が集まってしまった。エリザベス一世の時代になってプロテスタント教会が復活しても、外国人亡命者教会の権限は大きく削減されることになったが、その背景としてはエドワード六世期のこのような経験が影響した可能性もある。

エドワード六世期に枢密院によってア・ラスコが厚遇を受けた理由には、外国人がイングランドにもたらす生産と交易における価値のほかに、ヨーロッパでのプロテスタンティズム防衛外交においてア・ラスコの協力に枢密院が期待をかけていたことも挙げられよう。イングランドは北ドイツのプロテスタント諸侯や都市との間に防衛同盟を結ぶ可能性を模索していたが、ア・ラスコはこのような外交に深く関わっていたと思われる。イングランドと北部ドイツとの同盟関係の設立にア・ラスコが中心的役割を演じたとの指摘もあり、外交畑と無縁ではないア・ラスコの能力がいかんなく発揮された瞬間であった。しかしこれらの努力も、一五五三年のエドワード六世の早すぎる死とカトリック信仰への復帰を願うメアリーの女王即位の結果水泡に帰す。メアリー統治下での迫害を予見したア・ラスコは、外国人亡命者教会の信徒とともに大陸に戻るが、祭服論争でも垣間見えた彼の頑固さと論争癖はカルヴァンにさえ煙たがられたと伝えられており、デンマークや北ドイツの諸都市も彼らの受け入れについては消極的であった。結局再度エムデンに帰ったア・ラスコは、ルター派に譲歩したとして親友のハルデンベルクを叱責するという事態を招いている。その一方、ロンドンから戻ったア・ラスコと彼の外国人亡命者教会の信徒たちが、ロンドンでの経験と方法に基づいてエムデンにおいて改革派教会を運営し現地に大きな影響を与えたことも事実である。エムデンは、技術をもったオランダからの改革派亡命者によって、十七世紀にわたって経済的繁栄を続けることとなる。加えてエムデンは、亡命者にとっては宗教改革プロパガンダの発信地としての役割をも担い、港町としてロンドンやライン渓谷にアクセスが比較的容易であったこともあって、ファン・デア・エルヴェ（Egidius van der Erve）らの印刷業者が頻繁にプロテスタント書籍を作っていた。また、影響力においてカルヴァンやブリンガーの域には達しないものの、ア・ラスコは著作『ロンドン外国人亡命者教会における聖職の儀礼と様式のすべて』とロンドンおよびエムデンでの外国人亡命者教会運営の経験によって、加えて他のヨーロッパ諸国に及ぼした彼の影響も相まって、ヨーロッパにおいて宗教改革者としての地位を固めたと評されている。

ア・ラスコはその後一五五六年に国王ジグムント二世によりポーランドに呼び戻されると、南ポーランドにおいて改革派教会を指導した。さらにルター派やボヘミア兄弟団と改革派教会の間で同盟関係を成立させるべく努力し、総監督の権限強化に努める。バージル・ホールが描写するように、ルター派やボヘミア兄弟団との教会同盟は失敗し、ポーランド教会は貴族に支配され彼らの財政援助に依存する教会となり、さらには急進的改革論も浮上する中で、晩年のア・ラスコはエムデンやロンドンで見せた教会統治の力を発揮することができない状況であった。一方、帰国したア・ラスコは、しばしば教会会議（Synod）を開催し、ポーランド改革派教会の信仰告白と礼拝規則を作成し、ルター派と兄弟団を含めた同盟関係樹立に成果を上げたとの見解もある。ア・ラスコはポーランドに適合した改革路線を提案したようで、エムデンのような一都市やロンドン外国人亡命者教会という小さな集団での改革を、ポーランドという国家の宗教改革にそのまま適用するようなことはなかった。見方によっては、一五四九年五月にカルヴァンが『ヘブル書註解』をジグムント二世アウグストに献じて以降、十六世紀後半はスイス改革派神学および教会規則のポーランドへの浸透にとって千載一遇の機会であり、カルヴァンをはじめ改革派神学者が当地での教会会議への招聘に応じるなどしてもう少し適切な反応を示していれば、ポーランドにも改革派教会が根付き発展する可能性は十分にあった。カルヴァンは国王や一部有力者に対し書簡でもって改革を迫るが、結局プロテスタント宗教改革に理解を示しながらも、ローマ教皇や地元司教との関係断絶に踏み切れなかったジグムント二世のもとで大胆な改革が実現することはなかった。改革派グループが一致を見出せない中で、ア・ラスコの改革も、エムデンやロンドンでの経験とは違った穏健なエラスムス主義的な改革に終始したとの印象も残る。

ア・ラスコは一五六〇年一月に小ポーランドのピンチュフで死去する。その後、反三位一体論の影響を強く受けたポーランド兄弟団は不参加であったが、紆余曲折を経て一五七〇年にサンドミエシュ合意（Sandomierz Consensus）が成立し、カルヴァン主義の改革派、ルター派、ボヘミア兄弟団が同盟を結びカトリック教会の対抗宗教改革に共同で対峙する体制ができる。ア・ラスコの働きが彼の死後十年を経てこの合意で実を結んだ瞬間であった。しかしその後まもなくして、カトリック教会の対抗宗教改革の勢力拡大と反三位一体論運動の興隆によって、改革派は徐々にこの地域での地盤を失っていくことになる。このような史的展開を考えると、ポーランド宗教改革におけるア・ラスコの役割は、結果的に大きな成果を残すものではなかったが、教会規則等に関する著書とその実践で示された彼の神学は、ポーランドを超えてヨーロッパの改革派運動に確固たる足跡を残したことは間違いない。「ア・ラスコの見解は他で取り挙げられることはなかったし、彼が目的としたものも、改革派教会の全般的な発展の中に覆い隠されてしまった」と結論付けたホールのア・ラスコ描写は、やや否定的すぎるかもしれない。祭服論争や「黒い註釈」問題でエドワード六世期のイングランド国教会指導部と一時的に対立したとはいえ、彼のイングランドでの影響力は同時期に大陸より招かれたブツァーやヴェルミーリと同列に扱われてよい。大学やランベス・パレスに居を構えた二人に対し、たとえロンドン主教区の中で治外法権的地位を与えられていたとはいっても、ロンドン外国人亡命者教会というエミグレの信徒集団を相手にした困難な牧会と教会政治に従事したア・ラスコの努力は、総監督として同じような責務を果たしたエムデン時代とともに、もう少し評価されてもよいはずである。我が国でもあまり知られていないア・ラスコの生涯と彼の神学について、本書が少しでも案内書の役割が果たせれば幸甚である。最後に、ア・ラスコについてさらに知識を得たい読者のために、少しばかり参考文献を紹介する。

［参考文献］

Becker, Judith, *Gemeindeordnung und Kirchenzucht: Johannes a Lascos Kirchenordnung für London (1555) und die reformierte Konfessionsbildung* (Leiden & Boston, 2007).

__________, 'Kirchenzucht als Seelsorge: Johannes a Lascos *Forma ac ratio* (1555) und Robert le Maçons Kirchenordnung für die Französische Fremdengemeinde London (1578)', Zwingliana XXXV (2008).

Bonet-Maury, Gaston, 'John a Lasko and the Reformation in Poland 1499-1560', *The American Journal of Theology,* vol. 4, no. 2 (April, 1900).

Dalton, Hermann, *John a Lasco; His Earlier Life and Labours; A Contribution to the History of the Reformation in Poland, Germany, and England* (London, 1886).

__________, *Johannes a Lasco: Beitrag zur Reformationsgeschichte Polens, Deutschlands und Englands* (Nieuwkoop, 1970).

Gerrish, B.A., & Benedetto, Robert, eds., *Reformatio Perennis: Essays on Calvin and the Reformation in Honor of Ford Lewis Battles* (Eugene, 1981).

Jürgens, Henning P., *Johannes a Lasco in Ostfriesland: Der Werdegang eines europäischen Reformators* (Tübingen, 2002).

Kloczowski, Jerzy, *A History of Polish Christianity* (Cambridge, 2000).

Kruske, Richard, *Johannes a Lasco und der Sacramentsstreit* (Leipzig, 1901).

Kuyper, Abraham, *Joannis a Lasco opera tam edita quam inedita* (Amsterdam, 1866).

Murdock, Graeme, *Beyond Calvin: The Intellectual, Political and Cultural World of Europe's Reformed Churches* (Basingstoke, 2004).

Pettegree, Andrew, *Foreign Protestant Communities in Sixteenth-Century London* (Oxford, 1986).

__________, *Emden and the Dutch Revolt: Exile and the development of Reformed Protestantism* (Oxford, 1992).

Rodgers, Dirk W., *John à Lasco in England* (New York, 1994).

Roeder, Uwe, *Johannes a Lasco Bibliothek Grosse Kirche Emden* (Lindenberg, 2001).

Sprengler-Ruppenthal, Anneleise, *Mysterium und Riten nach der Londoner Kirchenordnung der Niederländer* (Köln, 1967).

Springer, Michael S., *Restoring Christ's Church: John a Lasco and the Forma ac ratio* (Aldershot, 2007).

Strohm, Christoph, hrsg., *Johannes a Lasco (1499-1560): Polnischer Baron, Humanist und europäischer Reformator* (Tübingen, 2000).

堀江洋文「中・東欧の宗教改革運動とヨハネス・ア・ラスコ」『専修大学人文科学研究所月報』第二七一号（二〇一四年七月）（http://id.nii.ac.jp/1015/00007059/）

訳者あとがき

一麦出版社の西村勝佳氏からバージル・ホールのヨハネス・ア・ラスコの小伝を翻訳しませんかというお話があったのは、筆者が勤務する専修大学の人文科学研究所月報に「中・東欧の宗教改革運動とヨハネス・ア・ラスコ」を上梓してしばらく経ってからであった。人文科学研究所は毎年世界各地に調査旅行を実施しており、数年前に訪れたのがポーランドとチェコであった。毎年調査旅行の幹事を務めていることもあり、半分義務感から帰国後調査の成果を発表する研究所月報特集号には必ず拙稿を寄稿してきた。旅行記も兼ねた論文であるためその分野の専門家からみれば何とも大胆で危なっかしい挑戦にみえるかもしれないが、これまで訪れた国・地域に関して、最近ではシチリアやゴア（インド）の異端審問所制度やインド独立運動の指導者スバス・チャンドラ・ボースについて執筆してきた。二〇一五年夏には研究所としてロシアを訪れ、今その成果を捻り出すために、我々の世代には馴染の深いE・H・カー著『コミンテルンとスペイン内戦』に焦点を合わせた研究を行っている。

実は、西村氏から突然ア・ラスコ小伝の翻訳のお話をいただいた時は若干驚かされた。まず、実際の働きと影響力に比して、日本のみならず欧米においても長年過小評価されてきた宗教改革運動のこのポーランド人指導者に関心を寄せる出版社が我が国にあったことは驚きであり、正直この翻訳本に読者がつくのであろうかとの心配も同時に頭をよぎった。ア・ラスコに関する日本語の伝記や解説書が殆どないという現実も、彼の知名度の低さを物語っている。解題でも述べたように、ア・ラスコはルター、カルヴァン、ブリンガーなど「第一級」の宗教改革者のように神学の大著を出版していない。いわば彼は教会政治・統治の専門家である。出版されたものとしては、彼の最も重要な著作も、イングランド国教会の一五五二年一般祈祷書の影響を受けたと言われる「ロンドン外国人亡命者教会における聖職の儀礼と様式のすべて」という教会儀礼・規則書の類であり神学書ではない。そのようなア・ラスコという人物や彼の活動の特性から推察して、宗教改革者から何らかの神学的概念や示唆を得たいと欲する読者に、彼に対する興味をもってもらうことは難しいのではないかと危惧した次第である。実際筆者自身も、上記月報論文を執筆するに至ったのは、訪問地ポーランドとの関連でキリスト教の題材を探す過程で行きついたわけで、最初からア・ラスコに対する関心があったわけではない。月報論文や本書の解題にポーランドに関する記述が多いのには、そのような執筆動機の背景がある。総監督として外国人亡命者教会を取り仕切り、宗教改革運動の「隙間」を埋めていったア・ラスコは、領邦国家や宗教改革都市における官憲的宗教改革とは一線を画する活動に従事してきたと言えよう。

大学院生の頃、筆者はアメリカでペトルス・マーター・ヴェルミーリの専門家マーヴィン・W・アンダーソン教授の指導を仰ぎ、イギリスではイギリス国制史研究の大家G・R・エルトン教授に師事し、エリザベス一世期の国教会におけるブリンガーの影響に関する研究を行った。イタリアからの亡命宗教改革者ヴェルミーリには、ア・ラスコの生い立ちと一部重なるところもあるが、前者は後者のように信徒を伴っての牧会や亡命生活を経験することはなかった。ヴェルミーリも各国を渡り歩いて苦労は多かったと思うが、ア・ラスコと比較するとやや「障害や苦労の少ない」亡命生活であったと言えよう。エルトンの下でイギリス国制史研究に筆者の関心が移ってからは、国家が政治・外交的観点から主導する宗教政策を中心に研究を重ねてきた。実は、初期のエルトンにとって宗教改革はあくまで国制史上の出来事であり、彼は国家がどのような組織体の下で宗教問題への対応を含めた政治・行政活動をくり広げていったか精査することを歴史研究の中心に置いていた。エルトンがヘンリー八世期の政策決定の中心に据えるトマス・クロムウェルも、国王の意向に沿うかたちでローマからの離脱を法制上担保していったのであり、エルトン史学では、クロムウェルの信仰も民衆の信仰心も大きな議論とはなりえなかった。クロムウェルは世俗の心をもった実務政治家という理解である。その後一九七〇年代にエルトンは、宗教改革を国政上の政策決定の観点からだけでなく、国家のプロテスタンティズムへの改宗と社会の再生の文脈で捉えるようになり、クロムウェルについてもパドヴァのマルシリウス思想の影響だけでなく聖書の影響をも受けていたと理解し、ルター派寄りのプロテスタント信仰をもつ知的な理想主義者として描写するようになる。政策中心の国制史一辺倒から信仰というより幅と厚みのある部分を含む解釈にやや傾いたことになるが、官憲的宗教改革という理解の本質に変化はなかった。このような「上からの宗教改革」の視点で、祭服論争で国教会指導層に盾突いたア・ラスコや外国人亡命者教会を理解しようとすると、彼を宗教改革期の本流から外れた傍流的存在と見なしてしまう傾向に陥る。筆者の頭の中でも、ア・ラスコが十六世紀の政治・宗教の改革の流れの中では第二級の存在にとどまった所以がここにある。

これまで欧米においては、イングランドの非国教徒やヨーロッパ大陸との神学や人の交流に主眼を置く研究者によってア・ラスコは紹介されてきたが、彼の活動の中心はロンドン主教区内とは言っても、いわば治外法権的地位を与えられた亡命外国人教会という枠組みであり、またエムデンは、商取引の東フリースラントにおける一大中心地であったとは言え、ドイツの大きな神学の時代的潮流の中では辺境地域であった。しかし、宗教改革期における神学的影響力という観点ではなく、亡命信仰者集団を率いて異国で活動したという点でのア・ラスコの存在の意義は、人種、宗教の違う難民に対する寛容政策が話題となる今日においては、もっと大きく取り挙げられ注目を集めてよいはずである。イングランド国教会という大きな教会組織の枠組みの中に、異質で小規模な亡命外国人の教会組織が混在し、溶け込みつつも時に反発しながら存続していくさまは今日各国において見られる現象と類似する。さまざまな宗派が影響力を競いながら対立と協調をくり返しつつも、大枠で国王や伯爵の寛容策の恩恵を受けた十六世紀のポーランドやエムデンの事例は、今日でも大いに参考になる。異質のものに対する排他的な精神が蔓延する昨今のヨーロッパ情勢をみると、信条主義と宗派化の波が打ち寄せていた当時の状況を彷彿させるものがある。

筆者は二〇一六年初めに厳冬のエムデンを訪れた。一面氷が張った歩道を強い北風を受け何度か転びながらもヨハネス・ア・ラスコ図書館に向かっていると、カトリック教徒メアリー一世の即位によってイングランドを追われ、一五五三年十一月に一七五名の信徒とともに冬のデンマークや北ドイツで亡命先を探し求め、これらルター派の地での居住を拒否された後、結局再度エムデンに受け入れられたア・ラスコたちの辛苦を思い出した。よくよく考えてみると、ア・ラスコは究極の状況における実践神学の偉大な実践者であった。翻訳をとおして、ア・ラスコの生涯と教えを再度ふりかえり吟味する機会を筆者に与えてくださった一麦出版社に感謝の意を表したい。また、日本ではあまりふれられることのない中央ヨーロッパの宗教改革や寛容論に関して、ダブリン大学トリニティ・カレッジ歴史学科に所属するグレハム・マードック博士の教示を仰いだことを付け加えておく。博士はカルヴァン時代のジュネーヴ及びその近郊地域の研究でも知られている。この書が、改革派神学者の一人としてはあまり顧みられることのなかったア・ラスコを、我が国においても適切な評価のテーブルに載せる一助となることを願っている。

堀江洋文

訳者紹介

堀江洋文（HORIE Hirofumi）
1952年三重県に生まれる．ケンブリッジ大学大学院歴史学研究科博士課程修了（Ph.D.），チューリッヒ大学スイス宗教改革史研究所客員研究員（1999年4月−2000年3月），現在専修大学教授．

主な研究業績（キリスト教関連のみ）
「シチリアとナポリにおける異端審問制度とコンベルソ問題」『専修大学人文科学研究所月報』266号；“The Edwardian Reformation and the Continental Divines”『専修大学人文科学研究所月報』261号；“Thomas Cranmer, Continental Divines and the Edwardian Reformation Politics”『専修大学社会科学研究所月報』594号；「宗教改革後のアイルランドとヨーロッパ」『思想』岩波書店No. 1063；「ポルトガルのインド進出とゴアの異端審問所」『専修大学人文科学研究所月報』259号；「アメリカの対外援助及び環境政策とキリスト教原理主義」『変貌する現代国際経済』第11章，専修大学出版局；“The Doctrine of Active Resistance in the Sixteenth Century”『専修大学社会科学研究所月報』575号；「キリスト教原理主義とアメリカ政治」『専修大学社会科学研究所月報』569号；「スペイン異端審問制度の史的展開と司法権の時代的・地域的特質」『専修大学社会科学研究所月報』547号；“Consensus Tigurinus or Dissensus Tigurinus? International Ecclesiastical Politics in Switzerland in the mid-16th Century”『専修大学社会科学研究所月報』532号；「アメリカにおけるキリスト教原理主義の諸相」『専修大学人文科学研究所月報』200号；「チューリッヒ婚姻裁判所規則とジュネーヴ教会裁判所」『専修大学社会科学研究所月報』443号；「Prophezeiとprophesying――16世紀イングランド国教会の教育改革」『専修人文論集』66号；「ペトルス・マーター・ヴァミーリの活動と神学――亡命の宗教改革者」『専修大学人文科学研究所月報』191号；“Heinrich Bullinger, Württemberg and England: Continental Reformations and Elizabethan Church-State Relationships”『専修人文論集』61号；「ローマ・カノン法とイングランド教会法改革」『専修大学人文科学年報』26号；“The Origin and the Historical Context of Archbishop Whitgift's 'order' of 1586”, *Archiv für Reformationsgeschichte* (Gütersloher Verlagshaus) 83；“The Lutheran Influence on the Elizabethan Settlement, 1558-1563”, *The Historical Journal* (Cambridge University Press) vol. 34, no. 3；「マルティン・ルターによる抵抗権思想の展開」『専修経済学論集』25巻2号；「ハインリッヒ・ブリンガー書簡出版の歴史と現状」『専修人文論集』47号；（共訳）アラン・マクファーレン著『資本主義の文化』岩波書店．

ヨハネス・ア・ラスコ――イングランド宗教改革のポーランド人

発行日……二〇一六年四月二十五日　第一版第一刷発行
定価……[本体二、二〇〇＋消費税]円
訳者……堀江洋文
発行者……西村勝佳
発行所……株式会社一麦出版社
札幌市南区北ノ沢三丁目四―一〇　〒〇〇五―〇八三二
郵便振替〇二七五〇―三―二七八〇九
電話（〇一一）五七八―五八八八　ＦＡＸ（〇一一）五七八―四八八八
URL http://www.ichibaku.co.jp/
携帯サイト http://mobile.ichibaku.co.jp/
印刷……株式会社総北海
製本……石田製本株式会社
装釘……須田照生

ISBN978-4-86325-095-6 C3016